RAFAEL LLANO CIFUENTES

GRANDEZA DE CORAÇÃO

5ª edição

QUADRANTE

São Paulo
2023

Copyright © Promoción de Enseñanza
y Ciencia, Asociación Civil

Capa
Provazi Design

Dados Internacionais de Catalogação na Publicação (CIP)

Cifuentes, Rafael Llano
  Grandeza de coração / Rafael Llano Cifuentes — 5ª ed. — São Paulo: Quadrante, 2023.

  ISBN: 978-85-7465-522-2

  1. Amor 2. Deus - Amor 3. Jesus Cristo - Ensinamentos 4. Paz de espírito 5. Vida cristã I. Título

CDD-248.4

Índice para catálogo sistemático:
  1. Vida cristã : Cristianismo 248.4

Todos os direitos reservados a
QUADRANTE EDITORA
Rua Bernardo da Veiga, 47 - Tel.: 3873-2270
CEP 01252-020 - São Paulo - SP
www.quadrante.com.br / atendimento@quadrante.com.br

SUMÁRIO

UM SENTIDO PARA A VIDA 5

COMO ENGRANDECER O CORAÇÃO 45

AS DECISÕES DOS CORAÇÕES
   GRANDES.. 141

UM SENTIDO PARA A VIDA

A pergunta de Francesca

Voltava de Roma. Na poltrona do avião, encontrei por acaso um semanário italiano, *Il Sabato*. No editorial, deparei com um título que me chamou a atenção: *La domanda di Francesca*, «A pergunta de Francesca». Quem seria Francesca? Que pergunta faria ela? E, interessado, li a reportagem.

Francesca era uma moça bonita de 21 anos, brilhante nos seus estudos universitários, filha de pais muito ricos. Na noite de 15 para 16 de maio de 1992, foi encontrada morta no banheiro da Stazione Tiburtina de Roma. Ao lado do cadáver, uma carta dirigida aos pais dizia, entre outras coisas: «Vocês deram-me não só o necessário, como também o supérfluo; mas não souberam dar-me o indispensável. Por isso estou tirando a minha vida»[1].

A revista tecia considerações a respeito da carta. Francesca falava de uma melancolia em que ninguém reparara até então. Uma melancolia tão forte que a levara ao suicídio, e que parecia ter como único motivo que lhe faltara o indispensável.

Mas que queria ela dizer com a palavra «indispensável»? Por que a falta do «indispensável» a levara a uma situação tão torturante que a vida se lhe tornara sem sentido, a ponto de achar que não valia a pena vivê-la?... E o editorial, em variadas indagações e pesquisas,

---

(1) *Il Sabato*, Editorial, Roma-Milão, 23.05.1992.

chegava a encontrar uma resposta a essas perguntas em Kierkegaard, o primeiro filósofo existencialista: *o indispensável é o Absoluto*.

Veio-me então à memória um pensamento de Saint-Exupéry: o homem é um «nômade à procura do Absoluto». Palavras que parecem um eco daquelas outras, tão conhecidas, de Santo Agostinho: «Criaste-nos, Senhor, para ti, e o nosso coração estará inquieto enquanto não descansar em ti»[2]. O homem é um nômade no deserto da vida, à procura de algo tão perfeito, tão sublime, tão absoluto que só se pode encontrar em Deus. O homem *tem sede do Deus vivo* (cf. Sl 41, 3).

Isso explica a sua insatisfação, a sua nostalgia, a sua procura ansiosa de algo que, sem saber o que realmente é, se lhe

---

[2] Santo Agostinho, *Confissões*, 1, 1.

torna indispensável, a ponto de a vida perder todo o sentido se não o encontra. E nisso consiste, precisamente, a única verdadeira tragédia humana: em procurar o Absoluto e não o encontrar. Ou, para dizê-lo melhor, em procurá-lo onde não se encontra: no relativo. Tendemos a absolutizar o dinheiro, o sexo, o êxito, o prestígio, o poder... E, quando porventura os alcançamos, compreendemos até que ponto todos eles são relativos e insuficientes...

Foi certamente isso o que aconteceu com Francesca, e é o que acontece com milhares de jovens que buscam ardentemente a felicidade e, sem o saber, correm na direção contrária do lugar onde ela se encontra, muitas vezes empurrados pelo ambiente ou pela própria família. No fundo, talvez inconscientemente, querem ideais, e só lhes oferecem mediocridade. E sofrem com isso.

Vejamos apenas mais um exemplo, mais uma carta, desta vez de um delinquente juvenil da Alemanha, dirigida aos seus e a todos os pais:

«Porque vocês são fracos no bem, deram-nos o nome de fortes no mal, e com isso condenaram toda uma geração contra a qual pecaram.

«Nós lhes concedemos dois decênios para nos fazerem fortes, fortes no amor, fortes na vontade; vocês, porém, fizeram-nos fortes no mal, porque são fracos no bem.

«Não nos indicaram caminho algum que tivesse sentido, porque vocês mesmos não o conheciam, e não quiseram procurá-lo, porque são fracos.

«Com o seu "não" vacilante, disseram-nos "sim", a fim de pouparem os seus frágeis nervos. E a isso deram o nome de "amor".

«Porque são fracos, compraram de nós o seu sossego. Quando éramos pequenos, vocês davam-nos dinheiro para irmos ao cinema ou comprarmos sorvete. Com isso, estavam prestando um serviço, não a nós, mas à sua própria comodidade, porque são fracos. Fracos no amor, fracos na paciência, fracos na esperança, fracos na fé.

«Nós somos fortes no mal, mas as nossas almas têm apenas a metade da idade de vocês. Nós fazemos barulho, mas é para não termos de chorar por todas aquelas coisas que vocês deixaram de nos ensinar. Sabemos ler e contar, mas vocês não nos ensinaram a enfrentar a vida, a ser homens.

«Estaríamos até dispostos a crer em Deus, no Deus infinitamente bom e forte, que tudo compreendesse e de nós esperasse que fôssemos bons, mas vocês não nos mostraram um só homem que fosse bom por crer em Deus. Vocês ganhavam dinheiro com serviços religiosos, murmuravam as suas orações segundo a velha rotina... Será que nós não somos as caricaturas dessa existência que vocês levavam, toda feita de mentiras?

«Nós somos desordeiros públicos e fazemos muito barulho; vocês, porém, lutam às ocultas, estrangulam-se comercialmente uns aos outros e armam intrigas para conquistar posições mais rendosas.

«Em vez de nos ameaçarem com bastões de borracha, coloquem-nos frente a frente com homens de verdade, que acreditem em Deus e que nos mostrem o caminho certo, não com palavras e sim com a vida.

«Mas ai! Vocês são fracos no bem: os que são fortes no bem vão para a mata virgem e curam os negros da África — porque eles desprezam vocês, assim como nós os desprezamos. Porque vocês são fracos no bem e nós somos fortes no mal.

«Mãe, procure rezar! Porque esses homens fracos estão armados de pistolas»[3].

A rebelião da gente jovem não é outra coisa que o grito lancinante de um grande ideal recalcado. E as expressões chocantes e dramáticas que acabamos de ler indicam claramente uma verdade que ultrapassa a mera situação concreta: um homem — jovem ou não — precisa de um caminho, de um *ideal* à

---

(3) Transcrito em Erwin Wolffenbüttel, *Juventude desenfreada*, em *Revista de psicologia normal e patológica*, 1961, n. 1, pp. 2-3.

altura da sua dignidade. Os homens sem ideal, os homens *fracos*, formam personalidades desorientadas, *fracas*, fracas no amor, fracas na esperança, fracas na fé; e é por isso que há tantos jovens que suspiram por ser fortes no amor, fortes no caráter, fortes na fé, quando na realidade apenas se tornaram fortes na tristeza e no mal. Não é apenas esse rapaz alemão, mas uma geração inteira de jovens que parece clamar: «*Coloquem-nos frente a frente com homens de verdade, que acreditem em Deus e que nos mostrem o caminho certo, não com palavras e sim com a vida!*»

Numa palavra, com homens que tenham um *coração grande*.

O que se chama coração...

Ainda que só fosse para satisfazer essa sede de Absoluto da juventude desorientada, valeria a pena construirmos em nós um *coração grande*. Na realidade, nenhum de nós pode deixar de fazê-lo, pois todos trazemos gravada dentro de nós essa ânsia infinita que só se satisfaz — acabamos de vê-lo — com o Absoluto.

«O homem ultrapassa infinitamente o próprio homem», diz significativamente Pascal[4]. O que este pensamento tão paradoxal e lacônico sugere é muito maior do que tudo o que se possa comentar a seu respeito. O homem ultrapassa infinitamente os horizontes puramente terrenos e os desejos meramente humanos. Quer ser mais e mais e muito mais; precisa de verticalidade. Engaiolado no espaço e no tempo, quer expandir-se e abranger toda a beleza, toda a perfeição, toda a harmonia, toda a música, toda a

---

(4) Pascal, *Pensées*, Brunschvicg, n. 434; cf. M. Zundeil, *L'homme dépasse l'homme*, Le Caire, Dulflien, 1944.

poesia, toda a felicidade... Mesmo que não o saiba, quer fundir-se com Deus num abraço eterno de amor...

E, em contrapartida, tudo o que signifique asfixiar essa ânsia no mundo estreito de projetos de vida sem grandeza significa ao mesmo tempo amesquinhar o coração, frustrá-lo e, muitas vezes, envilecê-lo. Significa, ao fim e ao cabo, torná-lo incapaz de amar.

Mas, antes de continuarmos, convém que nos perguntemos o que queremos dizer com essa palavra tão rica e vigorosa — o *coração*.

Quando nos expressamos assim, não nos referimos apenas ao que se entende habitualmente por «coração», isto é, à capacidade de sentir, de experimentar paixão, carinho ou ternura. Não é só isso. É muito mais: essa palavra tem um profundo significado bíblico que, no seu alcance mais genuíno, leva a considerar o coração «como o resumo e a fonte, a expressão e o fundo íntimo dos pensamentos, das palavras, das ações. Um homem vale o que valer o seu coração»[5].

Neste sentido, «ao coração pertencem a alegria: *Alegre-se o meu coração com o teu auxílio* (Sl 12, 6); o arrependimento: *Meu coração é como cera que se derrete dentro do meu peito* (Sl 21, 15); o louvor a Deus: *Do meu coração brota formoso canto* (Sl 44, 2); a decisão necessária para ouvir o Senhor: *Meu coração está disposto* (Sl 61, 8); a vigília amorosa: *Eu durmo, mas o meu coração vigia* (Ct 5, 2). E ainda a dúvida e o temor: *Não se perturbe o vosso coração, crede em Mim* (Jo 14, 1).

«O coração não se limita a sentir; também sabe e entende. A lei de Deus

---

(5) Josemaria Escrivá, *É Cristo que passa*, 4ª ed., Quadrante, São Paulo, 2014, n. 164.

é recebida no coração (cf. Sl 34, 9) e nele permanece escrita (cf. Pr 7, 3). E a Escritura acrescenta: *Da abundância do coração fala a boca* (Mt 12, 34). [...] Quando na Sagrada Escritura se fala do coração, não se alude a um sentimento passageiro, que produz emoção ou lágrimas. Fala-se do coração para indicar a pessoa que, como o próprio Jesus Cristo manifestou, se orienta toda ela — alma e corpo — para o que considera o seu bem: *porque onde está o teu tesouro, aí está o teu coração* (Mt 6, 21)»[6].

Dentro desse contexto, entendem-se muito bem alguns modos de dizer populares ou poéticos, como o que fala da «sabedoria do coração» ou aquele outro que expressa: «Só se enxerga bem com o coração». É neste sentido amplo, abrangente, que devem ser entendidas aqui as

---

(6) *Ibid.*

expressões «coração grande» ou «grandeza de coração».

Coração grande fala-nos, pois, de magnanimidade, de longanimidade — de uma longa capacidade de espera —, de horizontes vastos, de amor dilatado... E, em primeiro lugar, fala-nos de *grandes ideais*.

*Cada homem vale o que valer
o seu ideal*

O coração grande precisa de grandes ideais.

Porque os *ideais* não se compõem unicamente de *ideias*. As ideias são apenas o fundamento intelectual de um projeto de vida que eleva e arrasta, compromete e entusiasma *a personalidade toda*. E é aí que intervém decisivamente o termo «coração», nesse sentido mais profundo que acabamos de ver, como referência ao âmago do ser humano, ao que ele tem de mais íntimo e central.

O coração humano foi criado para o incomensurável e o eterno; tem uma capacidade imensa de felicidade e de amor. Quando não se atrofiou pelo egoísmo, sempre está dotado de um coeficiente insondável de dilatação[7]. Mas, ao mesmo tempo, está sempre exposto à tentação de acomodar-se, de anquilosar-se numa velhice prematura, de sofrer esse curto-circuito do amor que se chama egoísmo; necessita de um amor exigente que o puxe para fora de si mesmo, que o obrigue a superar-se a si próprio, a vencer o círculo vicioso do «eu». Precisa de um ideal elevado que o engrandeça. Daí essa exigência de trazer sempre erguida a bandeira de um *grande* ideal.

---

(7) Cf. Josemaria Escrivá, *Via Sacra*, 5ª ed., Quadrante, São Paulo, 2003, p. 78.

É a única forma de mantermos viva em nós a juventude de alma, seja qual for a nossa idade. Assim o dizia aquele velho general da Segunda Guerra: «A juventude não é uma época na vida, é um estado de alma: os anos enrugam a pele, mas perder o ideal enruga a alma». Manteremos sempre viva a nossa juventude de espírito quando estivermos sempre reavivando um grande ideal. E, paralelamente, iremos afundando-nos pouco a pouco na velhice espiritual se os nossos ideais forem perdendo, na banalidade, a sua força e profundidade.

Quando se olha para um grupo de pessoas, sente-se vontade de pensar: cem rostos, cem enigmas, cem incógnitas... O que virão a ser, em que se transformarão...? «Ser jovem é o milagre de poder ser tudo», costuma-se dizer; mas também é verdade a inversa: «Ser jovem é o mistério de poder ser nada».

E esse milagre e esse mistério — leitor, leitora — dependem apenas de você, seja qual for a sua idade. Sempre temos na mão, quer aos dezoito, quer aos trinta ou aos sessenta anos — como possibilidade única e irrepetível —, sempre temos na mão um bloco de mármore de grande valor, que tanto pode dar origem a uma obra-prima como transformar-se em cascalho inútil, que se pisa aos pés.

Por isso é que dizemos: *Cada homem vale o que valer o seu ideal*.

Ideais grandiosos geram homens magnânimos. Ideais pequenos geram homens mesquinhos.

No grande desfile da mesquinhez oferecido pelos nossos tempos, parece que vemos passar diante dos nossos olhos o rosto daqueles que são incapazes de comprometer-se com uma causa que ultrapasse o seu egoísmo: os *falsamente prudentes* e «bem-comportados»;

os *acomodados*, que trocam os ideais mais elevados pelos mais exequíveis; os *comodistas*, que substituem o cume pelo declive que passa à beira de todos os destinos; os *preguiçosos*, que subordinam o melhor ao mais fácil, que trocam o esforço construtivo pela praia e pela festinha, um amor grande e profundo pelos amoricos de fim de semana... Todos eles se agrupam ao lado dessa variadíssima multidão dos que *vivem mais de desejos e sensações do que de ideais*, dos que se alimentam mais do colorido mundo das imagens televisivas do que da leitura, do estudo ou da reflexão que cultiva a inteligência e forma critérios.

Atrás deles, parecem marchar também todas as espécies e subespécies do que poderíamos chamar «o reino da tecnocracia» ou, na expressão de Hutchins, «o império da trivialidade» (assim denomina ele a universidade americana)[8]. «Já não há voos de altura; já não existem sínteses profundas. *Falta grandiosidade*», acrescenta Allan Bloom[9], eminente professor da Universidade de Chicago.

Falta grandiosidade! Talvez seja esta a expressão mais adequada para diagnosticar uma das características deste mundo em que vivemos.

E as escolas e universidades vão lançando na sociedade todas essas espécies e subespécies do «império da trivialidade» que conhecemos muito bem: o «executivo» estandardizado, o *yuppie* com o seu linguajar sofisticado, cheio de ressonâncias informáticas, engenheiros, médicos, analistas de sistema,

---

(8) R. Hutchins, *La universidad de utopia*, Endeber, Buenos Aires, s.d., p. 23.

(9) A. Bloom, *Closing of the Modern Mind*, Harper & Row, New York, 1989, p. 347.

economistas, administradores que entram na sociedade cunhados em série, por igual, como os carros numa linha de montagem...

Falta grandiosidade! A sociedade de consumo parece ter conseguido, em grandes áreas sociais, que os estudantes subordinem a sua vocação profissional, as suas nobres ambições intelectuais e sociais, às exigências do mercado de trabalho. Ao escolherem uma profissão ou uma especialidade, em vez de auscultarem os seus anseios mais íntimos e escutarem o eco mais profundo da sua vocação, podem deixar-se desviar — hipnotizar — pelos apelos do mercado: adquirir as especificações mais adequadas para se tornarem «mercadoria mais vendável».

Estes espécimes humanos despersonalizados, cidadãos de um mundo que já foi denominado «aldeia global», não diferem — pela sua mentalidade alheia aos altos voos da inteligência e do espírito, «achatada», «reducionista», «pragmática», «caipira» — daquele Jeca-tatu caricaturizado por Monteiro Lobato, que se contentava com o que supria as suas necessidades de consumo: «Se compro na feira feijão, rapadura, p'ra que trabalhar...?»

O «império da trivialidade» pode adquirir a qualquer momento dimensões bem aldeãs, «a nível de quintal»: o «prestigiozinho», a «casinha», o «carrinho», o «curralzinho», os «beijinhos» — tudo bem caipira, tudo bem «mesquinho». Mas o coração, feito para as grandes dimensões, acaba por sentir-se sufocado pela falta de altura, pela ausência de horizontes dilatados, pela mediocridade depressiva.

Cedo ou tarde, experimenta o desconforto, a desilusão e, por último, a frustração, porque chega um momento em que verifica, ainda que não o confesse, que a realidade da sua vida ficou muito aquém da felicidade arquitetada nos seus sonhos... E é terrível perceber, quando já se dobrou o «cabo da boa esperança», que se passou todos esses anos escrevendo a própria biografia sobre água!

Torna-se então inevitável a *crise*. Quem se entrega aos ideais atrofiados pelo egoísmo ou por uma visão meramente humana, dos quais está excluída *a priori* a dimensão espiritual, fica à mercê das circunstâncias — do êxito e do fracasso, da saúde e da doença, da riqueza e da pobreza, das perspectivas alegres ou sombrias — e entregue ao temor de uma vida sem segurança e de uma morte imprevisível e ineludível, sem esperança.

Lembro-me de uma senhora, já entrada na casa dos quarenta, que me dizia:

— Sou extremamente insegura, medrosa. A coisa que mais me atraiu na personalidade daquele que viria a ser meu marido era a sua segurança profissional. Era um médico que sabia muito bem o que fazia, e talvez tenha sido por isso que me casei com ele. Mas quando, decorridos os anos, um dos nossos filhos adoeceu gravemente e a medicina não atinava com o diagnóstico, o meu marido ficou completamente desarvorado. Então compreendi como era fraco. Não tinha convicções básicas. Era católico por tradição, mas não praticava. Aderia a uma espécie de deísmo ceticista, que julgava estar muito de acordo com a sua categoria científica, mas tudo isso não passava de simples verniz, de uma «pose» intelectual esnobista. No fundo, era fraco, ainda mais inseguro do que eu. Eu pelo menos tinha fé, muito débil, é verdade, mas, no fim das contas, *fé*, ao passo que ele não tinha onde agarrar-se. Eu lhe perguntava: «De que serve toda a sua ciência? Para que vivemos? Para morrer? Maldita existência!» Ele calava-se e eu me afundava cada vez mais. Aliás, foi o nosso próprio casamento que se afundou de vez. Queria encontrar no meu marido apoio e fortaleza, e só encontrava angústia e pessimismo.

Mas essas crises existenciais — matrimoniais ou outras, não importa —, tão frequentes hoje em dia, têm pelo menos uma vantagem: expõem sem piedade a fraqueza dos ideais falsos ou relativos, e com isso indicam-nos que o nosso ideal, além de grande, tem de ser *verdadeiro*. Tem de poder dar uma resposta válida às principais perguntas vitais: «Que pretendo, em última análise, da minha existência? Se acredito apenas em mim, compreendo que não tenho outro destino senão a morte?

Mas, se tenho fé em Deus, como não faço dessa fé o eixo da minha vida e a motivação do meu trabalho?»

Da resposta a essas perguntas depende que se esclareça ou não o mais urgente problema da vida humana: o nosso destino eterno.

Um ideal eterno

Todo o homem sente essa necessidade de um ideal tão grande que seja *eterno*. Sabe que é necessário encarar em profundidade não apenas uma *filosofia de vida*, mas uma *fé religiosa* que responda aos últimos porquês da existência humana.

Entre essa filosofia de vida e essa fé que venha a solucionar as mais profundas indagações acerca do nosso destino último, há um abismo imenso. Já Platão, quatro séculos antes de Cristo, mergulhado na escuridão desse abismo, se perguntava desconsolado: «De onde venho? Para onde vou? Ó Ser Desconhecido, tem compaixão de mim!»

Esse Ser Desconhecido tornou-se para nós conhecido, próximo, palpável: é Cristo, Jesus. O Deus incomensurável dos espaços sem fim tornou-se para nós Jesus de Nazaré, a quem podemos abraçar, imitar, amar. Ele estabeleceu a ponte sobre o abismo que nos separava do Absoluto e do Infinito. «Deus se fez Homem — diz-nos Santo Agostinho — para que o Homem se fizesse Deus»[10].

Que notícia mais venturosa podemos dar ao homem do que comunicar-lhe que essa sede infinita de Amor, que essa necessidade absoluta de eternidade, ele a encontrará satisfeita ao identificar-se com um Deus que se fez homem e tem o entranhável nome de Jesus, o Salvador?

---

(10) Cf. Santo Agostinho, *Sermão 185*, PL 38, pp. 997-9.

Essa foi a esplêndida descoberta de tantas almas grandes de que está repleta a história destes dois mil anos. Nestes nossos tempos, em que a embriaguez da ciência e da técnica parece atingir o ápice, lembremo-nos apenas de uma delas: Blaise Pascal.

Por volta de 1642, o genial cientista e pensador encontrava-se no auge da sua carreira. Em menos de oito anos, por meio de uma atividade científica quase inesgotável e imprimindo um impulso decisivo à física e à matemática, aperfeiçoou a sua máquina de calcular, descobriu a lei dos vasos comunicantes, trabalhou nos princípios da prensa hidráulica e elaborou a teoria das combinações e o cálculo de probabilidades. Por volta de 1650, esgotado pelo trabalho excessivo, resolveu deixar o seu regime de confinamento voluntário para dedicar-se à «vida social» da Paris do seu tempo, cultivada de maneira elegante e refinada nos salões das grandes damas, nos teatros e salões de jogo. Mas, se na ciência não conseguira encontrar nenhuma solução para o vazio que o afligia, muito menos a encontrou nessa sociedade requintada, que em pouco tempo lhe pareceu postiça e sem sentido, como um «boneco mecânico» visto pelo lado de dentro. Pensava que já nada seria capaz de satisfazê-lo, e sentia-se tomado de um desespero cada vez mais agudo.

Por fim, numa noite de novembro de 1654, a fé em Deus abriu caminho no seu coração como um fogo devorador. Pascal registraria essa experiência no seu famoso *Memorial*, em frases curtas, entrecortadas, ofegantes, em que ainda se apalpam as emoções que experimentou:

ANO DA GRAÇA DE 1654

Segunda-feira, 23 de novembro [...].

Desde aproximadamente as dez e meia da noite até quase a meia-noite e meia,

Fogo.

«Deus de Abraão, Deus de Isaac, Deus de Jacó», não dos filósofos nem dos sábios.

Certeza, certeza. Sentimento. Alegria. Paz.

Deus de Jesus Cristo.

«Meu Deus e vosso Deus». [...]

Grandeza da alma humana.

«Pai santo, o mundo não te conheceu, mas eu te conheci».

Alegria, alegria, alegria, lágrimas de alegria.

Tinha-me separado dEle: «Abandonaram-Me a Mim, a fonte da água viva!»

Meu Deus, não mais me abandonarás?

Que eu não me separe dEle eternamente.

«Esta é a vida eterna, que te conheçam a Ti, único Deus verdadeiro, e Àquele que Tu enviaste, Jesus Cristo».

Jesus Cristo.
Jesus Cristo.

Separei-me dEle; fugi dEle, renunciei a Ele, crucifiquei-o.

Que nunca mais me separe dEle. [...] Amém[11].

---

(11) Cit. por Hans Jürgen Baden, *Literatura y conversión*, Guadarrama, Madri, 1969, pp. 48-9.

Até o dia da sua morte, ocorrida oito anos mais tarde, Pascal traria sempre consigo esse papel, cosido no forro da sua jaqueta, para ter presente a todo o momento qual era o único nome que conseguira saciar a sede do seu coração.

De uma maneira ou de outra, muitas personalidades eminentes como Pascal, ou incontáveis cidadãos comuns, vieram a descobrir com toda a clareza que este é, na verdade, o ideal de todo o homem, que este é o único ideal à medida do coração humano: Jesus Cristo.

O Modelo dos corações grandes

No entanto, há cristãos que fazem uma triste imagem de Cristo. Pensam que Ele os chama a uma vida *boazinha* — «não faço mal a ninguém» — ou que lhes pede a renúncia a uma personalidade de altura. Não suspeitam que Ele os conclama a uma grande aventura de amor...

Lembro-me de um diálogo que tive um dia com um rapaz da Faculdade de Engenharia do «Fundão», no Rio de Janeiro... Dizia-me ele:

— Sabe, padre, eu sou muito católico...

Fiquei surpreendido. Nenhum rapaz da universidade federal com quem conversara até aquele momento tinha marcado uma posição tão clara.

— Mas por que pensa que é muito católico?

— Porque sou muito humilde: eu aprendi do meu pai a não ter ambições...

Eu conhecia o seu pai... Calei-me, mas tive vontade de lhe dizer: «Com essa atitude, você vai se converter num medíocre como seu pai. É por causa dessa sua mentalidade acanhada, e da de tantos outros, que se pensa com frequência que o catolicismo é para os pacatos, os incapazes, os tímidos, os carolas...»

Ser humilde não quer dizer renunciar às nobres ambições. Não, o cristianismo não exige que renunciemos a uma personalidade de categoria. Muito pelo contrário.

Quando Pilatos disse, referindo-se a Jesus, *Ecce Homo!* — «Eis o *Homem*!» —, não sabia que estava proclamando: eis o Homem por excelência, o Homem por antonomásia. Não houve ninguém que tivesse um coração tão grande, uma influência tão marcante na humanidade como esse *Homem*.

Cristo tinha um coração grandioso.

Desde as primeiras palavras suas registradas pelos Evangelhos, pronunciadas quando tinha apenas doze anos — *Não sabíeis que devo ocupar-me das coisas de meu Pai?* (Lc 2, 49) —, já compreendemos que se coloca numa posição diametralmente oposta à do egoísmo e da mesquinhez do homem de horizontes e projetos estreitos.

Quando fala daquilo que temos de *ser* — do nosso ideal *entitativo* —, diz--nos em tom seguro e imperativo: *Sede perfeitos, como meu Pai celestial é perfeito* (Mt 5, 48). Sede santos, sede apaixonados, sede grandes à semelhança do próprio Deus. Alargai o coração para que nele caiba o seu amor infinito, a sua incomensurável compreensão, misericórdia e ternura. Dilatai a vossa capacidade para que possais receber toda a sua plenitude e felicidade! Pode haver ideal mais grandioso?

Quando se refere àquilo que temos de *fazer* — o nosso ideal *operativo* —, diz-nos também com palavras firmes de comando: *«Ide e evangelizai as nações de todas as raças e de todas as línguas* (Mc 16, 15)... Não vos detenhais na estreita geografia de um povo determinado: parti para outras terras, percorrei as planícies, superai as montanhas, ultrapassai os mares, conquistai os continentes! Não vos limiteis aos desta raça ou aos daquela outra, seja qual for, branca, preta ou amarela: ambicionai todas elas, porque Eu quero que o meu coração acolha a todas e a todas redima, a todos torne santos e felizes como o é o meu Pai que está nos céus!... Eu quero que o teu coração, como o meu, seja grande, mais que o céu da alvorada!» Pode existir uma aventura, um desafio mais empolgante?

O seu amor não é temperado, tíbio, brando; é ardente como o fogo: *Vim trazer fogo à terra, e que outra coisa quero senão que se ateie?* (Lc 12, 40). O fogo não queima até aqui ou até ali: tem ambições de floresta. Queima sem limites nem exceções tudo o que encontra ao seu redor: *como o fogo que devora as matas, como a chama que incendeia os montes* (Sl 82, 15).

A vida de Cristo foi uma imensa fogueira de amor que se alastrou de coração para coração. Ninguém ficava indiferente ao seu lado: aqueles pescadores que trocaram a faina no lago por uma missão de sacrifício fecundo até os confins da terra; a samaritana que reconheceu a sua vida de pecado à beira do poço de Sicar; a mulher da vida que estremeceu de arrependimento e de ternura quando pôde aproximar-se dEle; o cego de nascença cujos olhos, depois de curados, nunca mais quiseram deixar de contemplá-lo e o seguiam pelos caminhos da Palestina; o inveterado usurário que subiu a uma árvore para vê-lo e foi visto por Ele; e o próprio ladrão na Cruz, à vista de um Deus moribundo que o escutou e o perdoou comovido... — todos eles foram conquistados pelo seu amor.

Mas a grandeza do coração de Cristo não se limitou a esse poder de atração. Poderíamos dizer que não há nenhuma das suas atitudes que não esteja impregnada de grandeza.

Multiplica cinco pães e dois peixes, de tal maneira que, repartindo-os com fartura entre mais de cinco mil homens, mulheres e crianças, ainda se encheram doze cestos com as sobras; intervém em auxílio de uns pobres noivos na sua festa de casamento, convertendo umas ânforas de água em mais de seiscentos litros do melhor vinho; rebela-se contra a mentalidade estreita daqueles que denomina *sepulcros caiados*, porque um coração grande como o de Jesus rompe a quadrícula de um legalismo farisaico que *coa mosquitos e engole camelos* (cf. Mt 23, 24); insurge-se em altos brados — *Ai de vós, escribas e fariseus!...* (cf. Mt 23) — contra a hipocrisia e a duplicidade, reivindicando com insólita grandeza uma conduta de autenticidade e transparência; evidencia a eminência do seu espírito diante daqueles que parecem grandes aos olhos humanos — como um Herodes e um Pilatos —, recusando-se com o seu silêncio a fazer o jogo da leviandade e da prepotência; enfim, pede perdão para os carrascos que o estão crucificando e morre com os braços abertos, como que querendo abraçar num só amplexo os homens de todas as raças e épocas... E quando o seu peito é trespassado com uma lança, sai dele sangue e água..., água porque não havia mais sangue naquele coração magnânimo que, com a sua morte, superava os limites de todos os amores humanos.

Se queremos ter um ideal que valha a pena, temos de pôr os olhos em Cristo, auscultar o seu coração e deixar que passem para o nosso as suas pulsações: de magnanimidade e generosidade, de santa indignação, de sede e fome de justiça, de um ilimitado espírito de conquista. É destes temas que trataremos nas páginas seguintes.

COMO ENGRANDECER O CORAÇÃO

O combate à mediocridade

O ideal da imitação de Cristo exige, para começar, que se combata, já nas suas manifestações humanas, a tendência para a mediocridade. Quem não estiver disposto a fazê-lo deverá renunciar, como vimos, até a ser homem no sentido cabal da palavra.

E o que é a mediocridade? Poderíamos dizer que é um estado anímico doentio que compactua com o inacabado, o incompleto, o indefinido e o imperfeito, precisamente porque toda a definição, todo o acabamento, toda a perfeição exigem risco e esforço. Em última análise, a mediocridade consiste em submeter as imensas potencialidades do ser humano, tanto no pensamento como na ação, a um processo de atrofia.

Em rápidas pinceladas — incisivas e duras —, Rui Barbosa traça-nos a figura daquela personagem interiorana de que já falamos, o Jeca-tatu, como um símbolo dessa falha na configuração da personalidade: «O Jeca por dentro rivalizando com o Jeca por fora. O seu mobiliário cerebral vale o do casebre... Vive acorrentado à inércia... Nem um laivo de imaginação o anima... Triste como o curiango... No meio da natureza brasileira, é o sombrio urupê a modorrar silencioso no recesso das grotas... Não ama, não vive... É neste símbolo de preguiça, de sonolência e imprevisão, de esterilidade, tristeza e subserviência, que encontramos a imagem do homem medíocre, do homem em quem a apatia é tão forte que conseguiu atrofiar a grandiosidade»[1].

Esta triste figura não se limita à geografia do interior brasileiro: campeia tanto no campo como nas cidades, nas estepes russas como nos arranha-céus nova-iorquinos. Por toda a parte, contrasta violentamente com os pioneiros de todos os tempos, com os desbravadores de matas, com os pesquisadores de verdades científicas, com os apóstolos do amor de Cristo.

Poderíamos abordar a complexa miséria moral do medíocre sob diversos ângulos, mas baste-nos registrar este: *a característica fundamental do medíocre é precisamente não ter características*:

---

(1) Cf. B. Pereira, *Diretrizes de Ruy Barbosa*, Companhia Editora Nacional, São Paulo, 1932, pp. 24-5.

— Não será nem frio nem quente: será morno.

— Não será branco nem preto: será cinzento, esfumado, indefinido.

— Terá medo dos abismos e das cumeeiras: ficará a meia altura, na ladeira.

— Não será nem pervertido nem santo: será *bonzinho*.

— Evitará sempre os «excessos» do heroísmo: adaptar-se-á às moderadas *suficiências*.

Em resumo: será tranquilo *o suficiente* para não ter que perder o sono com grandes responsabilidades; generoso *o suficiente* para não ser denominado egoísta; trabalhador *o suficiente* para não ser considerado um vagabundo, um parasita; amável e serviçal *o suficiente* para conseguir um pequeno número de amigos que satisfaçam egoistamente as suas necessidades afetivas...

Defender-se-á esgrimindo a máxima moral dos clássicos, *in medio virtus* — «a virtude está no meio de dois extremos» —, esquecendo-se de que essa sentença se aplica às virtudes morais para evitar os extremismos pouco arejados, mas não se aplica ao amor. A este respeito, diz a Sagrada Escritura: *Oxalá fosses frio ou quente, mas porque és tíbio, e não frio nem quente, estou a ponto de vomitar-te da minha boca* (Ap 3, 16). O Senhor tem horror à mornidão: provoca-lhe náuseas, e muito mais quando se esconde hipocritamente por trás de falsas moderações, que não servem senão para encobrir «a comodidade, a matreirice, a tibieza, a falta de ideais e o aburguesamento»[2].

Um dia — conta Saint-Exupéry — encontrava-se ele num ônibus, bem de

---

(2) Cf. Josemaria Escrivá, *Sulco*, 4ª ed., Quadrante, São Paulo, 2016, n. 541.

madrugada, rodeado de uns homens taciturnos, funcionários da vida. «Olhava em torno: pontos luminosos que brilhavam na sombra — cigarros pontilhando meditações. Humildes meditações de empregados envelhecidos [...]. Surpreendia também as confidências que trocavam em voz baixa. Eram sobre as doenças, o dinheiro, os tristes cuidados domésticos. Mostravam os muros da encardida prisão em que aqueles homens estavam encerrados».

E bruscamente — acrescenta — apareceu-lhe o rosto do homem medíocre, do «velho burocrata» que está presente, que vive ao lado de todos e de cada um de nós; o «velho burocrata» da vida, a quem dirige estas palavras: «Construíste a tua paz tapando com barro, como fazem os cupins, todas as saídas para a luz. Ficaste enroscado na tua segurança burguesa, nas tuas rotinas, nos ritos sufocantes da tua vida provinciana; ergueste essa humilde proteção contra os ventos e as marés e as estrelas. Não queres inquietar-te com os problemas profundos e fizeste um medonho esforço para esquecer a tua grandiosa condição de homem. És um pequeno-burguês [...]. Ninguém te sacudiu pelos ombros quando ainda era tempo. Agora, a argila de que estás feito já secou, e endureceu, e nada mais poderá despertar em ti o músico adormecido, ou o poeta, ou o astrônomo que talvez te habitassem»[3].

O medíocre é esse «burocrata da vida» aprisionado na estreiteza do seu cotidiano. Fez-se cego para as alvoradas da vida. No seu coração, nunca fervilhou o anseio da ciência, da criatividade original, da justiça redentora,

---

(3) Saint-Exupéry, *Terra dos homens*, 16ª ed., José Olympio, Rio de Janeiro, 1972, pp. 12-13.

do amor ardente. E por isso não compreenderá nunca o estremecimento do artista, a intensidade do pesquisador, a angústia reivindicadora de maior igualdade social, a paixão do apóstolo, o ardor do santo. Entenderá muito bem, isso sim, a calma dos dias moderadamente agradáveis, sem preocupações singulares, dias pacatos, submissos, sem grandes dores nem grandes alegrias... Está maravilhosamente feliz com esse resvalar levemente pela existência, com esse viver à margem de qualquer entrega pessoal...

Diz assim: «Eu vivo bem, alimento-me bem, divirto-me... Isto é que é vida!»... Nós pensamos dele: «Isso é felicidade vegetativa, subdesenvolvimento mental: que lástima ver as possibilidades dessa vida, as imensas potencialidades dessa energia, domesticadas pelos atrativos da vida horizontal!»

Os medíocres fazem no mundo o papel de mais um número no pacífico rebanho de cordeiros. Como não têm personalidade própria, atuam de acordo com os padrões da massa; juntam-se para suprir quantitativamente o que não têm qualitativamente como atributo pessoal. Daí esses fenômenos gregários tão atuais, quer fisicamente entre os jovens, quer mentalmente em qualquer idade: a «turma», a «patota», a «gangue», a «clique», a «panela», os «que estão *in*» *versus* «os que estão *out*», o «círculo fechado», os «pactos de proteção mútua», o «sistemão»...

O medíocre é, pois, por antonomásia, esse «homem oco» descrito agudamente pelo grande poeta inglês T.S. Eliot:

Nós somos os homens ocos,
Os homens empalhados,
Uns nos outros amparados,

O elmo cheio de nada. Ai de nós! [...]

Forma sem forma, sombra sem cor,
Força paralisada, gesto sem vigor...

Com que poderá um homem ou uma mulher assim contribuir para os outros? Seja no matrimônio, na educação dos filhos, no trabalho, no convívio social, conseguirá apenas transmitir o seu angustiante vazio. Que molas psicológicas poderá acionar diante do fracasso, da doença, da desilusão? Que apoio oferecerá ao consorte, aos filhos, aos companheiros? Que outra coisa é senão um «cadáver adiado que procria», no dizer de Fernando Pessoa?[4]

Está na moda dizer que somos consequência das estruturas, filhos da

---

(4) Fernando Pessoa, *D. Sebastião, rei de Portugal*, de *Mensagem*, em *Obra poética*, Nova Aguilar, Rio de Janeiro, 1992, p. 76.

época em que vivemos: é o tempo de hoje, a sociedade de hoje que faz os homens de hoje. Isto é melancólico, decadente. Não. Há épocas apagadas, vulgares, lânguidas e secas como palha, em que cai o raio de uma grande personalidade e tudo arde à sua volta. Não foi a palha que ateou o fogo: foi o fogo que fez arder a palha. Não é a época que faz o homem; é o homem que transforma a época.

Ser medíocre significa precisamente isto: *ter medo dos grandes destinos*. Um conhecido estadista brasileiro já no-lo advertia em palavras que pude ler gravadas numa rocha do litoral paulista, de frente para o oceano imenso: «O importante, quando se tem um destino a cumprir, é não fugir ao seu apelo, seguindo-o sem indagar aonde nos pode levar, pois, na pior das hipóteses, a imprudência paga melhor do que a mediocridade e a frustração». Ter medo da vida, com efeito, é *viver pela metade*.

A mais triste prova de mediocridade que pode dar um homem é a incredulidade nas imensas potencialidades que traz dentro de si. «Não sejais almas de "bitola estreita" — diz-nos São Josemaria Escrivá —, homens ou mulheres menores de idade, curtos de vista, incapazes de abarcar o nosso horizonte sobrenatural cristão de filhos de Deus. Deus e audácia!»[5]

Isto não quer dizer que, para deixarmos de ser medíocres, tenhamos de ser uns superdotados. Um talento *médio* pode ser um homem possuidor de uma personalidade de altura; e, ao contrário, um homem de inteligência brilhante ou que pertença à chamada classe «alta» pode ser um medíocre. A mediocridade

---

(5) Josemaria Escrivá, *Sulco*, n. 96.

não é um fator genético, social, econômico ou intelectual; é uma *opção de vida*, um posicionamento perante a vida. Cresce tanto entre farrapos como entre veludos, nos apartamentos de luxo como nas choupanas, nas universidades como nas indústrias de fundo de quintal... Não nasce conosco, antes ganha corpo e se consolida pouco a pouco ao ritmo das nossas deserções, cristaliza ao compasso das nossas covardias e claudicações.

A nossa tendência para a horizontalidade encontra um forte apoio no clima morno do ambiente, que nos convida ao *dolce far niente* e à tentação do mais fácil. A poderosa voz da multidão acéfala grita-nos: «Não se incomode, não se inquiete, não queira ser diferente e ridículo com as suas utopias. Abandone esse "quixotismo" demente e confunda-se com a tépida e aconchegante sensação que dá o êxito sem esforço, a glória sem sacrifício, o prazer à altura das suas glândulas e dos seus hormônios..!»

E assim o homem, sem o perceber, vai-se deixando manipular pela opinião majoritária, vai permitindo que esse «homem das cumeeiras» que traz dentro de si seja progressivamente dominado, usurpado por esse outro que chafurda no pântano da horizontalidade, da desmotivação e da apatia.

Lembro-me de uma passagem da biografia de Michelangelo que é muito elucidativa neste sentido. O Papa, cativado pela arte do pintor e escultor, tinha-lhe encomendado a pintura da Capela Sistina. Deu-lhe indicações precisas sobre os temas que deveria desenvolver: cenas do Antigo e do Novo Testamento, profetas e apóstolos... Michelangelo não ficou muito satisfeito; gostaria de poder estampar naquelas extensas abóbadas e paredes algumas das grandes ideias que trazia no coração... Mas começou a pintar de acordo com as instruções recebidas. Todos, incluído o Papa, estavam entusiasmados com o desenvolvimento dos trabalhos. Mas o contentamento de todos contrastava com o mal-estar de Michelangelo. Alguma coisa por dentro lhe dizia que não era aquilo o que tinha no seu peito, que não deveria continuar a trabalhar dessa maneira, forçado pelo ambiente, pela opinião alheia...

Num domingo, foi descansar um pouco numa famosa taberna do Trastévere que tinha fama de servir o melhor vinho de Roma. Sentou-se e pediu um copo de vinho. Estava um pouco azedo, mas não disse nada; no fim das contas — pensou —, estava na taberna que se gabava de oferecer o vinho de melhor qualidade de Roma. De repente, um homem na mesa ao lado levantou-se e disse violentamente:

— Este vinho está passado.

— Impossível; é o melhor vinho de Roma — respondeu o taberneiro.

— Por favor, experimente.

— Tem razão — disse o homem da taberna, depois de prová-lo —. Não merece ser servido nesta casa.

Puxou de um facão e rasgou todos os odres de couro. Um rio vermelho escorreu da taberna para a rua...

Naquele momento, Michelangelo teve um «estalo». Todos pensavam que a pintura que vinha executando era a melhor de Roma, como aquele vinho. Ele até então não tinha dito nada. Não se atrevera; era a opinião da maioria. Mas não concordava. Era preciso rasgar os odres... *Vinho novo em odres novos...*, dizia o Evangelho. Levantou-se e saiu correndo. Subiu aos andaimes da Capela Sistina e, vigorosamente, apagou todas as pinturas.

O Papa ficou desolado. Todos o chamaram louco. Graças, porém, a essa atitude violenta e original de Michelangelo, brotou o que é hoje admiração do mundo inteiro e marco inigualável na história da arte.

O clima da sociedade hedonista e consumista que nos circunda quer impor-nos muitas vezes o seu domínio. Com que frequência se é coagido a satisfazer os gostos alheios, a ceder à opinião dos parentes, a adotar condutas que favoreçam o «status» social e contrariam a ética, abafando essa vocação a que Deus nos chamou e que é para nós a única razão de existirmos e sermos felizes, e, para a sociedade, o melhor serviço que lhe podemos prestar!

É necessário rasgar os odres velhos, as arcaicas e submissas rotinas, para enfrentar esses desafios que são capazes de fazer de nós um *homem novo*, de acordo com os projetos sempre originais desse grande Artista que é Deus.

Magnanimidade e humildade

Alguns poderão pensar que essa magnanimidade se opõe à humildade. E não é assim, muito pelo contrário! A verdadeira magnanimidade tem por alicerce a humildade autêntica. A consciência de ser filho de Deus leva o homem a reconhecer tanto a sua grandeza como a verdade de que tudo o que tem e possui é um imenso dom de Deus. Assim o proclamou Maria, em casa de sua prima Santa Isabel: *Porque Ele viu a humildade da sua serva, por isso me chamarão bem-aventurada todas as gerações* (Lc 1, 48). *Todas as gerações!...* Precisamente pela sua *humildade*.

Com a sabedoria e segurança que dá o sentir-se apoiado pelo braço onipotente de Deus, diz Santa Teresa: «Convém muito não amesquinhar os desejos, antes esperar em Deus que, se pouco a pouco nos esforçarmos, poderemos atingir o cume a que muitos santos chegaram. Se estes nunca se tivessem determinado a ter desejos, não teriam subido a tão alto estado. Sua Majestade [Deus] quer almas animosas e é amigo delas, contanto que andem em humildade. Nunca vi alguma dessas almas permanecer rasteira neste caminho; nem vi também alma covarde, sob pretexto de humildade, andar em muitos anos tanto quanto os outros em muito poucos»[6].

Mulher de espírito jovem e empreendedor, a santa de Ávila insiste continuamente nessa maravilhosa aventura que representa a indescritível viagem à

---

(6) Santa Teresa, *Obras completas*, *Livro da vida*, cap. XII, Vozes, Petrópolis, 1961, pp. 93-94.

procura de Deus: «Aventuremos a vida, pois melhor a guardará quem a tiver por perdida»[7]. «Tudo consiste em arriscar a vida por amor de Deus»[8]. «O Senhor jamais abandonará os que O amam quando se arriscam só por Ele»[9].

Também São Tomás de Aquino, depois de definir a virtude da magnanimidade como «disposição do ânimo para coisas grandes» (*extensio animi ad magna*)[10], aponta os traços fundamentais desta virtude:

— o magnânimo atreve-se aos empreendimentos grandes, porque sabe que «o dom da graça eleva o homem a coisas que estão acima da natureza»[11];

---

(7) *Id.*, *Poesias*, op. cit., cap. XIX.

(8) *Id.*, *Livro da vida*, cap. IV.

(9) *Id.*, *Pensamentos*, cap. VII.

(10) São Tomás de Aquino, *Suma teológica*, II-II, q. 129 e.

(11) *Ibid.*, II-II, q. 171, a 2.

— o magnânimo é audaz na ação apostólica porque é consciente de que «o Espírito Santo se serve da palavra do homem como de um instrumento. Mas é Ele quem interiormente aperfeiçoa a obra»[12];

— o magnânimo traz consigo a indestrutível firmeza da esperança em Deus, de uma confiança desmedida, quase temerária[13];

— o magnânimo tem um coração desprovido de medo, onde reina uma paz imperecível, porque conta com Deus[14];

— o magnânimo não cede à angústia das preocupações nem à ameaça dos homens ou dos acontecimentos, porque só se inclina diante de Deus[15].

---

(12) *Ibid.*, II-II, q. 177, 1.

(13) *Ibid.*, II-II, q. 129 ad 6.

(14) *Ibid.*, II-II, q. 129 ad 7.

(15) *Ibid.*, II-II, q. 129, ad 7.

— o magnânimo não se queixa, porque Deus é o seu consolo e a sua fortaleza[16].

Pelo desenho traçado com estas vigorosas pinceladas, compreendemos a imensa distância que separa a magnanimidade do orgulho e da soberba. Podemos dizer mais: paradoxalmente, a audácia necessária para os grandes empreendimentos só pode estar alicerçada na autêntica humildade, que não se apoia na capacidade própria, mas na força de Deus.

Duas convicções profundas animam os que compreendem ter sido chamados a coisas grandes. Uma, a advertência de Cristo a todos os cristãos: *Sem Mim, nada podeis fazer* (Jo 15, 5); outra, o eco dessas palavras no Apóstolo das gentes: *Tudo posso nAquele que me dá forças* (Fl 4, 13).

---

(16) *Ibid.*, II-II, q. 129, 4 ad 2.

Para encerrar as considerações anteriores, será muito oportuno que nos examinemos e perguntemos:

* Qual é a altura e a profundidade dos meus planos para a minha vida? Esgotam-se em mim? Reconheço que tenho o dever — dever de amor — de traçá-los de acordo com os planos que Deus tem para mim?

* Nas minhas decisões, opto pelo que é mais agradável e gostoso, ou antes pelo que é mais digno e virtuoso?

* Tenho medo de assumir responsabilidades por causa dos sacrifícios que possam acarretar?

* Anteponho sempre os meus interesses aos dos outros, ou, pelo contrário, abro-me ao que possa ser-lhes mais útil?

* Procuro por sistema o que é mais «seguro», ou, pelo contrário, o que corresponde aos apelos mais profundos da minha vocação de cristão?

* Fico «em cima do muro», sem me definir por medo de não acertar ou de ser criticado?

* Confundo-me e justifico-me com o grupo, com as ideias majoritárias, esquecido de que o cristão está chamado a ser «sinal de contradição»?

As perguntas poderiam multiplicar-se indefinidamente, como também os propósitos poderiam ser muitos, mas o eixo central de todos eles deveria estar configurado por esta convicção inabalável: «Eu tenho um destino original e único. Sou filho de Deus e não tenho preço. Nem a promoção pessoal, nem o dinheiro, nem a vaidade, nem os gostos e caprichos, nem o medo do que possam dizer deveriam conseguir que eu vendesse no mercado dos egoísmos o tesouro da minha dignidade».

Esta convicção seria como um eco das palavras de João Paulo II dirigidas aos jovens de todas as idades: «Jovens, não tenhais medo de ser santos! Voai a grande altura, considerai-vos entre aqueles que voltam o seu olhar para metas dignas dos filhos de Deus»[17].

Generosidade

A magnanimidade está inseparavelmente unida à generosidade.

Aquele que abriu os dilatados horizontes do cristianismo, que nos convidou — nada menos! — a ser *perfeitos como meu Pai celestial é perfeito* (Mt 5, 48); Aquele que descortinou as verdades de Deus para *gentes de todas as raças e de todas as línguas* (cf. Mt 28, 19), é o mesmo que nos diz: *Dai e dar-se-vos-á: uma medida boa, apertada, sacudida, transbordante, será derramada no vosso*

---

(17) Cf. João Paulo II, *Mensagem aos jovens e às jovens do mundo com motivo da VI jornada mundial da juventude*, 18.08.1990, n. 3.

seio. Com a medida com que medirdes, também vos será medido (Lc 6, 38).

O Senhor ama a generosidade. Por isso ficou tão decepcionado ante a atitude do jovem que se recusou a segui-lo por causa dos seus muitos bens. Foi então que disse: *Quão dificilmente entrarão os ricos no reino dos céus...* (Mt 19, 23). Os «ricos» não são apenas os que têm dinheiro e estão apegados a ele; são também os egoístas, os mesquinhos, todos os que se encolhem na carapaça dos seus interesses e prazeres.

Se quisermos representar plasticamente a figura do «rico», do homem instalado nos seus bens e preso a eles, a imagem da «ostra» sugere-se por si mesma: presa à rocha, imóvel, voltada inteiramente sobre si mesma, limitando-se a sugar das riquezas do mar aquilo que lhe serve de alimento, devolvendo-lhe apenas os restos do que consumiu, e defendendo-se de todas as influências exteriores por uma espessa carapaça, feia, cinzenta e enrugada. Em contrapartida, se quisermos representar a figura de um cristão, teremos de desenhar um homem com os braços e o coração abertos como Cristo na Cruz: desprendido de tudo, como Cristo na Cruz. O cristianismo é, por essência, a antítese da mesquinhez. Num cristão, a falta de generosidade não é apenas um defeito, é uma falha estrutural.

À nossa volta, há pouca generosidade, muito pouca generosidade. Há excesso de mesquinhez. Palavras..., gestos..., entusiasmos..., apoio moral..., talvez. Mas peçam-lhes um pouco do seu dinheiro, do seu tempo, do seu sacrifício... Ah, isso não! Parece que lhes estão arrancando a víscera mais delicada[18].

---

(18) Cf. Rafael Llano Cifuentes, *Egoísmo e amor*, 3ª ed., Quadrante, São Paulo, 2016, pp. 75-76.

A mesquinhez é, pois, outro sinal distintivo da falta de grandeza: é própria dos miseráveis. Porque miserável é esse eterno retorno sobre nós mesmos, sobre o nosso egoísmo. Miserável é o mendigo que vai pedir esmola à porta de si próprio.

Quando «regateamos» com Deus e com os outros, sem o perceber «regateamos» com a nossa própria realização. *Com a medida com que medirdes, também vos será medido*: quem dá pouco recebe pouco, porque estreita o seu coração, tornando-o incapaz de receber e reter o amor que recebe. Quando somos mesquinhos com Deus e com os outros, na verdade estamos apenas sendo «pão-duros» com esse pobre indigente que somos nós mesmos... Não encontraremos aqui a causa de tantas melancolias e frustrações inconfessadas?

Por isso, a melhor maneira de sermos «egoístas» é... deixarmos de sê-lo.

Tratemos melhor o nosso coração, persuadidos de que, quanto mais dermos, mais enriquecidos — não mais pobres — ficaremos: *uma medida boa, apertada, sacudida, transbordante, será derramada no vosso seio*. É uma «astúcia» legítima.

Como a daquela moça que trabalhava de balconista numa loja de bombons e vendia muito mais que as outras colegas. O gerente estava intrigado: não era culta nem bonita... Um dia, perguntou-lhe como conseguia atrair tantos compradores. Respondeu com evasivas. O gerente insistiu. Por fim, revelou o seu «segredo»: «Quando me pedem um quilo de bombons, peso uns gramas a menos na balança, sem que o cliente o perceba. E, quando vou fechar a caixa, pego mais um punhado e jogo-os dentro... A loja não perde nada e os clientes ficam muito contentes... Todo o mundo gosta de receber, ou pelo menos sentir que está recebendo, "algo mais"»...

Dar sempre aos outros «algo mais» do que normalmente esperam receber é o que confere aos nossos gestos o brilho da generosidade. Você reúne as suas amigas em casa para uma festinha. Vê que uma «reincide» particularmente naquelas empadinhas, outra naqueles pastéis de creme... Antes de elas se irem embora, entrega-lhes um simpático pacotinho com aqueles pastéis ou aqueles bolinhos. Como agradecem!... Você recebeu um livro de presente pelo seu aniversário. Agradeceu-o gentilmente, e o amigo não esperava mais. Contudo, dois meses depois, você escreve-lhe de novo: «Acabo de terminar o livro que você me presenteou. Quero dizer-lhe que acertou em cheio. Gostei muito. Novamente obrigado». E o amigo fica radiante...

São pequenos gestos que nos vão «treinando» na arte de dar. Mas, num segundo momento, é preciso que cheguemos a um patamar mais alto: *dar do que custa*, dar do próprio sangue do nosso peito.

Faz já alguns anos, encontrei-me com um velho amigo sacerdote. Falamos dos nossos anos de experiências sacerdotais, e, entre as que me contou, recordo uma que me ficou especialmente gravada. Indo do Japão para Roma, teve que fazer uma escala em Moscou. Era então a Moscou comunista. Só havia uma igreja onde se podia celebrar a Santa Missa: São Luís dos Franceses. Havia ali pouca gente, mas fervorosa. E quando esse sacerdote estava recolhido em ação de graças pela Comunhão, depois da Missa, alguém o tocou suavemente no ombro. Voltou-se. Era uma típica mulher russa: rosto largo, olhos azuis expressivos, sinais do tempo e do cansaço nas faces. Devia passar dos setenta anos... Em mau francês, disse-lhe:

— Soube que o senhor vai a Roma. Quero que me faça um favor muito grande: faça chegar este pacote às mãos do Papa; eu o amo muito. Mas prefiro que o senhor não o abra.

«Que estranho, pensou o meu amigo. Pode ser perigoso...!»

— A senhora deve compreender que não posso sair da Rússia sem saber o que contém este pacote...

— Não o abra, por favor!

— É necessário...

Quando desembrulhou o pacote, feito com papel grosseiro, não podia acreditar no que via: eram milhares e milhares de rublos!... Uma fortuna!

Então reparou melhor na pobre mulher: estava mal vestida, parecia alguém que passava necessidade.

— Não, não posso levar tanto dinheiro... É uma loucura. A senhora certamente precisa dele para viver...

A anciã começou a chorar e disse-lhe:

— Se não me leva este dinheiro ao Papa, mata-me... É a razão de ser da minha vida... Anos e anos a fio, fui poupando-o..., deixando de comprar uma coisa e outra..., mas sempre feliz e pensando: Sou filha da Igreja..., sou filha do Papa... Sinto-me separada fisicamente da comunhão da minha Mãe, a Igreja, mas este dinheiro pelo menos ajudará os trabalhos das missões... Vivi tantos anos feliz, pensando neste momento... Cada renúncia, uma alegria... Por favor, leve-me este dinheiro ao Papa!

A emoção do sacerdote juntou-se às lágrimas da pobre velha. O Papa talvez nunca viesse a receber uma esmola tão sofrida: cada rublo era como uma gota de sangue...

Quando o sacerdote amigo terminou o seu relato, senti vergonha pela minha mesquinhez e pela de tantos irmãos católicos que pensam realizar algo heroico com os minguados sacrifícios que fazem pela Igreja. Aquela abnegada anciã russa tinha o *coração grande*, sabia enxergar a Igreja universal através das grades da prisão em que se encontrava a sua pátria, e nós... não sabemos vislumbrar a grandeza da nossa missão num país sem grades, aberto às fontes da fé.

Agora, no momento em que evoco esse episódio — que é como um eco da entrega de Cristo na Cruz e dos milhões de sacrifícios que, ao longo da história, foram pavimentando as estradas do cristianismo —, vem-me também à memória o olhar comovido de Cristo quando a pobre viúva lançou no cofre do Templo duas pequenas moedas. Essas pequenas moedas eram toda a sua fortuna, dividida em duas metades. Tinha-as na palma da mão: representavam o seu alimento daquele dia, o pouquinho de segurança a que podia aspirar, a sua frágil defesa diante do futuro incerto. Para ser boa, para cumprir os seus deveres para com Deus e os outros, para partilhar generosamente, bastava que lançasse apenas uma moeda. Mas, ao chegar junto do cofre, depois de introduzir a primeira, não hesitou em lançar a segunda... E as suas mãos vazias fizeram o Senhor estremecer de emoção. E comenta Pierre Charles: «O magnífico acréscimo da segunda moeda foi o que deu todo o valor a essa oferta»[19].

Sabemos como se chama esse «acréscimo»? Generosidade. E é precisamente esse «acréscimo» *livre, voluntário*

---

(19) Pierre Charles, *Generosidade*, 2ª ed., Quadrante, São Paulo, 1991, p. 27.

e *heroico* que faz brilhar de alegria os olhos de Jesus.

A generosidade consiste em *dar o que não é devido*: o que não se deve por simples justiça e que, por isso, ninguém espera. Consiste em *dar do que custa*, heroicamente, e esse coeficiente de heroísmo é o que converte a caridade natural em entrega cristã. Saber dar a capa quando nos pedem somente a túnica; dispor-nos a andar dois mil passos quando querem que andemos apenas mil (cf. Mt 5, 41); derramar o sangue todo, como Cristo na Cruz, quando lhe teria bastado derramar uma só gota para realizar a obra da nossa Redenção.

É preciso dar. Mas dar com generosidade é *dar-se*. Quem dá apenas coisas materiais parece estar medindo com o braço a distância que o separa de quem recebe. É preciso acabar com essa distância. *Dar-se* é fazer de si mesmo um presente: entregar ao outro a própria vida. «Passou o tempo — diz Mons. Escrivá — de dar quatro tostões e roupa velha; é preciso dar o coração e a vida»[20].

São Tomás diz que a perfeição do amor fraterno se manifesta «quando o homem dá ao próximo não só os bens temporais, mas também os seus bens espirituais, e, finalmente, se entrega a si mesmo por completo, segundo a expressão do Apóstolo São Paulo: *Por mim, de boa vontade me gastarei e me desgastarei até o esgotamento pelas vossas almas, ainda que, amando-vos mais, venha a ser menos amado por vós* (2 Cor 12, 15)»[21].

---

(20) Cit. em Salvador Bernal, *Perfil do Fundador do Opus Dei*, Quadrante, São Paulo, 1978, p. 206.

(21) *Suma teológica*, I-II, q. 61, ad 5; II-II, q. 184, a. 2 ad 3.

Dar coisas é relativamente fácil. O difícil é *dar a vida:* dar um pedaço do nosso ser, o alento do nosso espírito, uma verdade da nossa inteligência, o tesouro do nosso tempo, o desgaste das nossas energias, a vibração dos nossos sentimentos ou, mais ainda, o sentido inteiro da nossa vida, a nossa existência toda: *construir o coração dos outros com os pedaços do nosso coração.*

Quantos episódios se poderiam contar, reveladores desta atitude que não se detém no que é «razoável», no que «ultrapassa a medida» do justo... Entre os que assistiam a um retiro que eu pregava, encontrava-se um pai de família, bem casado, com cinco filhos. Depois de pensar nas coisas que ouvira e em outras tantas que meditara por conta própria, sentiu-se sacudido por dentro, incomodado... Tinha de fazer mais: que medida tomar?

— Determine-se a partir de agora — recomendei-lhe — a não negar nada a Deus...

Rapidamente, tirou da pasta meia folha de papel novinho e estendeu-a diante dos meus olhos. A seguir, assinou embaixo.

— É como se fosse um cheque em branco. A partir de agora, Deus pode escrever aí a quantia que quiser. Cumprirei a palavra...

Esse meu amigo guarda até hoje o «cheque», como lembrete de um compromisso irrevogável.

Assinar um cheque em branco todos os dias, aplicar o capital da nossa vida no «banco» de Deus, como o fez a viúva do Evangelho, pode ser também um bom propósito nosso.

A generosidade pode ser vivida nos grandes momentos ou nos pequenos detalhes. Pode ser simplesmente «encantadora» — como a da balconista — ou então «heroica» — como a da mulher russa —, mas sempre será um sinal de grandeza de coração e, para os que vivem da fé, um sinal indefectível da presença *atual* de Cristo na sua vida.

Um cristão sempre deve pensar que há uma correspondência entre o dar e o receber, se não humanamente — tanta indiferença, tanta ingratidão! —, sim aos olhos de Deus e em graças abundantes, porque — recordemo-lo — Deus jamais se deixa vencer em generosidade: paga sempre com o cento por um nesta terra e, na outra, com uma vida sem fim e sem preço, a vida eterna.

Rebeldia e sede de justiça

A generosidade está muito unida à rebeldia. Para Marañón, a rebeldia é uma característica da juventude de espírito. Entende-a como um dever e uma virtude: uma «generosa inadaptação a toda a imperfeição e inautenticidade»[22].

A serena rebeldia de Cristo, incapaz de conformar-se com o asfixiante legalismo judaico, é um sinal claro da autenticidade característica de um coração grande, incapaz de acomodar-se a esse jogo de interesses que comercia com o sagrado, que interpreta a lei de Deus de acordo com as conveniências pessoais. Por isso, a nobre rebeldia do Senhor choca-se muitas vezes com os costumes convencionais e decadentes da elite composta por fariseus e saduceus.

Essa atitude poderia encontrar o seu paradigma na insólita e grandiosa passagem da expulsão dos vendilhões do Templo (cf. Jo 2, 13-12). Jesus, olhando

---

(22) Cit. por Gerardo Castillo, *O adolescente*, Quadrante, São Paulo, 1984, p. 23.

para aqueles traficantes, camelôs e feirantes da sua e de todas as épocas, instalados na própria casa de Deus e aproveitando-se dela, não se pode conter. Deixa que o seu sentido da justiça e o respeito devido ao sagrado vibrem com toda a força no movimento decidido do seu braço. Aquele braço vigoroso de carpinteiro, que arrastava atrás de si a energia de um Deus infinitamente amável e infinitamente justo, dá largas — com o chicote — a toda a fome e sede de justiça represada no seu coração.

Essa reivindicação vigorosa dos direitos de Deus deveria despertar muitos da sonolência e acomodação com que contemplam um estado de coisas que o espírito cristão não pode aceitar submissamente. Não se trata de acalentar uma atitude subversiva ou amargamente contestatária; trata-se, pelo contrário, de dar acolhida ao mais profundo sentido da dignidade humana, que só encontrará eco em homens que enxerguem muito além dos seus interesses pessoais.

Em todas as épocas históricas, os homens de coração grande converteram-se em propulsores de uma renovação transformadora. Esta necessidade, porém, torna-se mais peremptória e urgente na situação em que agora estamos mergulhados. Sentimos por assim dizer nas próprias vísceras a corrosão das *bases* sobre as quais se ergue a dignidade humana e cristã dos indivíduos e da sociedade. É uma crise de *identidade* como a história conheceu poucas. Quando o homem perde o respeito por si próprio, cedo ou tarde perde o respeito pelos outros. E temos a violência não combatida nas suas causas; a corrupção aceita como praxe inevitável nos negócios públicos e nos negócios privados; a intemperança no sexo, no afã de lucro, na busca de fama; as guerras e os genocídios. Os exemplos estão à vista e, em face deles, o homem de coração grande não pode deixar de ser um homem rebelde, um homem *indignado*, seguindo os passos de Cristo.

Não se trata de cultivar uma rebeldia egoísta e tola, em função de uns pontos de vista pessoais, mas uma rebeldia desinteressada e justa, em defesa dos valores humanos e cristãos, de caráter permanente e universal.

«Por isso, é necessário distinguir essa nobre rebeldia, que denominaríamos *progressiva*, daquela outra *regressiva*, que se manifesta como uma volta à inconsciência da infância ou como a irresponsabilidade desenraizada à moda dos "hippies"; ou da *agressiva*, que destrói mais do que constrói; ou da *transgressiva*, que ataca toda a norma, toda a lei ou autoridade apenas para libertar-se orgulhosamente de qualquer sujeição [...]. A verdadeira *rebeldia progressiva* não é própria do *inseguro* que agride para defender-se, nem do *anormal* que orgulhosamente se julga acima de qualquer norma ou mandamento, mas daquele que tem a coragem de viver de acordo com a sua mais íntima dignidade de homem e de filho de Deus. Então a *rebeldia não é apenas um direito, mas um dever*»[23].

A rebeldia é, neste caso, não um sinal de falta de maturidade, mas uma qualidade decorrente da transparência de vida, de um inconformismo vigoroso, de um amor ardente ao que é verdadeiro, belo e nobre...; enfim, um sinal claro de grandeza de coração. Assim o ideal se torna a alavanca eficaz de uma ação social, profissional, política, religiosa,

---

(23) Cf. *ibid.*, pp. 9ss.

que encontra nos homens magnânimos a sua grande força propulsora.

No terreno religioso, e no sentido específico em que vimos falando, Cristo foi um verdadeiro *revolucionário*, como na sua esteira foram *revolucionários* um São Bento, um Santo Agostinho, um São Bernardo, um São Francisco, um São Domingos, uma Santa Teresa, um Santo Inácio de Loyola, um Dom Bosco... *Revolucionários* porque não compactuaram com as situações de decadência ou de tibieza em que encontraram os seus contemporâneos; porque não se conformaram com a impiedade e o abandono religioso da sociedade em que viviam; porque renovaram a tessitura espiritual ou teológica da sua época, e foram reformadores decididos das leis e dos costumes...

É neste sentido que entendemos um pensamento enérgico de quem também soube ser protagonista do seu tempo, São Josemaria Escrivá:

«Hoje não bastam mulheres ou homens bons. Além disso, não é suficientemente bom aquele que se contenta em ser... quase bom: é preciso ser "revolucionário". — Perante o hedonismo, perante a carga pagã e materialista que nos oferecem, Cristo quer anticonformistas!, rebeldes de Amor!»[24]

Hoje, talvez mais do que nunca, temos necessidade urgente de renovadores profundos de uma mentalidade e de um gênero de vida submetidos a um processo de erosão progressiva. Precisamos de homens rebeldes que não se instalem numa atitude de passividade mental ou de inércia para a ação, e impeçam que lhes penetre no espírito, como que por osmose, esse vírus que

---

(24) Josemaria Escrivá, *Sulco*, n. 128.

flutua na atmosfera cultural do nosso tempo, carregado de «ismos» — o relativismo, o materialismo, o consumismo, o permissivismo, o hedonismo...

Partindo de um único foco patológico — um humanismo «antropocêntrico», uma civilização sem Deus —, esse vírus penetra com a sua agressiva morbosidade por todos os poros do corpo social. Prestemos um pouco de atenção a um traço que de algum modo expressa essa mentalidade e está na origem dos demais efeitos nocivos.

Não é verdade que, na «bolsa de valores» contemporâneos, o que está mais em alta é a conta bancária, o êxito econômico? Não é isso o que todos invejam? Não é esse o caminho para o único modelo de «heróis» no nosso tempo?

O bezerro de ouro da nossa era de computação frenética é sem dúvida o dinheiro, a sua posse. Os que o têm querem avidamente ter mais, os que não o têm querem tê-lo com igual avidez. Aos primeiros, não se pode falar de uma mais justa distribuição das riquezas; aos segundos, não se pode falar de amor ao trabalho. Para uns e outros, o poder público deve resolver tudo ou então fechar os olhos a tudo, autorizando, de um lado, todas as ganâncias, e, no outro extremo, todas as violências.

E a serviço dessa mentalidade giram os interesses comerciais, ansiosos por novos mercados; os meios de comunicação, que precisam de anúncios e conflitos para sobreviver; os meios acadêmicos, médios e superiores, mais interessados no resultado pragmático, utilitarista, técnico e econômico do que em abrir as inteligências jovens a questões fundamentais do ser humano e ao mundo dos autênticos valores. E mesmo os que deveriam recordar por vocação que a fome de plenitude é a fome de Deus se embrenham com frequência num quixotesco discurso político-econômico, às vezes de claro cunho partidarista ou de mera reivindicação classista.

Da abundância de dinheiro ou da sua carência, como mola propulsora dos propósitos pessoais e coletivos, resultam os «ismos» de que falávamos acima e que são a chaga alarmantemente infectada nos nossos tempos. O dinheiro de sobra, para quê? E vêm o consumismo, o hedonismo do sexo animal, o escapismo das drogas, o banditismo entre jovens bem nascidos, o niilismo das Francescas. E, paradoxalmente, entre os que nada ou pouco têm, vêm esses mesmos desastres numa versão menos polida, mas igualmente ávida: apetências desenfreadas, crimes sexuais, gangues a serviço do tráfico e da prostituição de menores, roubos e assassinatos entre eles mesmos.

Certa vez, o rei Balduíno da Bélgica visitou uma mina de carvão e perguntou ao líder sindical, operário de semblante nobre e marcado pelo trabalho duro e pelas privações:

— Quais são as vossas reivindicações?

— Que nos respeitem, Majestade.

Impressionado com a resposta, o rei insistiu:

— Alguma coisa mais?

— Não, Majestade, que nos respeitem. Isso basta.

A ânsia sem medida do dinheiro leva ao desrespeito por si próprio e, nessa medida, ao desrespeito pelos outros. Poderosos ou humildes, pobres ou ricos, sábios ou ignorantes, os nossos contemporâneos entregaram-se à ânsia sôfrega do *ter* e, nessa medida, esqueceram a imagem grandiosa do *ser*, aquela imagem que todo o ser humano traz gravada no seu íntimo mais íntimo como filho de Deus.

Impõe-se uma raça nova de corações gigantes que compreenda a verdade basilar de que «há pobres que são ricos, e ricos que são pobres»; que recupere os reais valores da vida e por isso «ponha em desprezar as riquezas o mesmo empenho que põem os homens do mundo em possuí-las»[25]. Homens que saibam espalhar desse modo a semente de uma sociedade à medida do ser humano, sábia, equilibrada e justa, porque optou pela temperança em todas as suas manifestações.

No seu livro *Utopia* — que significa «lugar nenhum» —, o renascentista

---

(25) Cf. Josemaria Escrivá, *Caminho*, 11ª ed., Quadrante, São Paulo, 2016, nn. 632-633.

inglês Thomas More, Lorde-chanceler de Henrique VIII, mandado decapitar pelo rei pela sua intransigência na defesa dos princípios da fé e canonizado séculos depois pela Igreja, traça um perfil ideal dessa sociedade. Vale a pena ver como uma pequena biografia condensa os aspectos principais desse país situado além da imaginação:

«Embora pagãos, os utopienses são felizes e vivem em paz graças às suas instituições, à sua generosidade e ao seu amor ao trabalho. Consideram a preguiça como o pior delito, mas, ao mesmo tempo, a jornada de trabalho é de seis horas, que acham suficientes, pois ninguém inventa necessidades além daquelas que a vida traz consigo, e todos dispõem de tempo para cuidar da família, distrair-se e cultivar o espírito.

«Desprendidos, chegam ao ponto de dar aos filhos pérolas para que as usem como bolas de gude. Utilizam o ouro para acorrentar os presos. Lançam-se à rua para ver passar as comitivas dos embaixadores, e saúdam cortesmente os criados destes, imaginando que são os senhores daqueles infelizes escravos cobertos de ouro e pedrarias. E entre a multidão há meninos que gritam para as mães: "Olhe, mãe, esses vadios trazem pedras preciosas e pérolas como se fossem crianças". Ao que as mães lhes respondem: "Fique quieto, filho, que esses devem ser os bufões dos senhores embaixadores". Comem e bebem em pratos de barro e vidro, bem trabalhados, mas de pouco valor. Em contrapartida, com o ouro e a prata fazem urinóis.

«Os utopienses possuem as coisas em comum, conforme as necessidades de cada grupo e cidade; e toda a ilha é "como uma única família". Essa pobreza não consiste em privações, mas no absoluto desprendimento e desinteresse pelos bens materiais.

«Não existem classes sociais, mas, de acordo com os dotes físicos e intelectuais de cada qual, uns dedicam-se ao campo e à indústria, outros às artes liberais e do espírito»[26].

Essa sociedade idealizada do livro, em que se crê em Deus, na imortalidade da alma, no poder da oração, é uma «fantasia» aberta hoje às possibilidades e aos esforços dos corações grandes.

---

(26) José Lino C. Nieto, *Thomas More*, 2ª ed., Quadrante, São Paulo, 2017, p. 31.

Não se trata de rejeitar os confortos das contínuas conquistas da técnica, de secar o impulso criador de novas fontes de riqueza, mas de neutralizar, no dizer de Nelson Rodrigues, a «ascensão dos idiotas», reorientando esses esforços da civilização num sentido *humano e cristão* que, sem afundar os de cima, estenda a mão aos de baixo, respeitando-os e oferecendo-lhes todas as condições para que levem uma vida digna. E desse modo purificar o ambiente rasteiro dos vícios individuais e coletivos que aviltam o homem, a família e a sociedade em qualquer nível de bens materiais.

Fome e sede de justiça, pois, que nos faça arder o coração ao escutarmos as palavras de Tiago na sua Epístola:

Vós, ricos, chorai e gemei por causa das desgraças que sobre vós virão. As vossas riquezas estão podres e as vossas roupas vêm sendo devoradas pelas traças.

O ouro e a prata enferrujaram e a ferrugem dará testemunho contra vós e vos roerá as carnes, como fogo.

Entesourastes para os últimos dias. Eis que o salário dos trabalhadores que vos ceifaram os campos foi retido por vós! Ele grita e os gritos dos trabalhadores chegaram até aos ouvidos do Senhor dos exércitos. Vivestes no luxo sobre a terra, entregues à devassidão, e engordastes o coração para o dia da matança (Tg 6, 1-6).

Solidariedade

Esta fome e sede de justiça não pode converter-se, contudo, num postulado teórico ou numa atitude demagógica; tem que ser uma realidade viva que se traduza em gestos concretos de abnegação dedicada.

Quando estudava na Faculdade de Direito da Universidade de Salamanca, costumava visitar com algum amigo uma ou outra família pobre, de que estão cheias, de uma forma ou de outra, as «favelas» do mundo inteiro. Levávamos sempre alguns víveres de primeira necessidade e também algo a que só têm acesso os menos carentes: uns bombons, umas guloseimas... Não pretendíamos com isso, evidentemente, solucionar nenhum «problema social», mas apenas ganhar consciência da realidade que nos circunda, para, uma vez formados, podermos efetivamente fazer o que estivesse ao nosso alcance pelo bem comum.

Um dia, convidei um colega de classe a acompanhar-me. Quando entramos no barraco, ficou impressionado com o espetáculo da miséria à vista. Ao sair, perguntei-lhe o que pensava.

— Fiquei com nojo, disse-me.

Um mês depois, convidei-o novamente. Negou-se:

— Não vou. É inútil. Com a nossa visita, não vamos solucionar nenhum problema social; o que precisamos é de lutar por uma reforma nas estruturas.

— Está certo — respondi-lhe —, mas com estas visitas não tratamos de solucionar nenhum problema social, mas de levar um pouco de alegria e de calor humano a essa gente boa e sofrida... É — como lhe dizia — uma «obra de misericórdia».

Não replicou, mas não mudou de ideia.

No meio do ano, falei-lhe de um acampamento que faríamos no Vale de Batuecas, um dos lugares mais inacessíveis e selvagens da montanhas salmantinas. Iríamos caçar javalis. Ficou entusiasmado e aceitou.

À noite — uma noite excepcionalmente fria, com a temperatura abaixo de zero —, saímos à procura dos tais javalis, mas o meu colega ficou na barraca; alegou que sentia muito frio. Por volta das duas da madrugada, voltamos ao abrigo, mortos de frio. Qual não foi a nossa surpresa quando fomos encontrar o nosso amigo enrolado embaixo de uma pilha de cobertores! Tinha-se apossado de todos. Delicadamente, acordamo-lo para que nos cedesse alguns, mas negou-se rotundamente. Não houve maneira de convencê-lo. Foi uma noite infernal.

Naquele momento, entendi por que esse colega se recusara a visitar novamente a favela. Incomodara-o por demais. As razões «estruturais» não passavam de uma desculpa: o meu colega era um egoísta.

Hoje, esse homem é um dos principais líderes de um importante partido «populista». Sempre penso que, se a sua preocupação pelo «povo» é como a que teve conosco naquela noite fria no vale..., pobre povo!

A nossa atitude em face da injustiça social não pode ser impessoal, teórica, «estrutural»; tem que ser efetiva, sofrida na própria carne, vivida em todas as nossas relações humanas, no trabalho, na empresa, em casa, especialmente com os que nos prestam algum serviço na vida particular. E no âmbito público, deve manifestar-se na ação responsável em todos os níveis em que porventura tenhamos uma participação: nos sindicatos, nas associações de pais e mestres, nas agremiações de bairro, nos clubes culturais ou de lazer, num partido político ou num cargo público. E sempre no desempenho sério dos nossos compromissos como cidadãos, no pagamento justo dos impostos, no exercício dos nossos direitos e deveres cívicos, no uso consciente do voto, etc.

Esta ação exercida através dos condutos definidos pelo nosso *status*, pela nossa posição na vida, deve estar sempre repassada, em todos os níveis, de um forte espírito de solidariedade, que se traduza num esforço concreto em prol do bem comum, isto é, do núcleo de pessoas a que pode estender-se a nossa influência. Ao invés de nos amargurarmos com a «miséria crescente» que se vê pelas ruas da cidade, por que não fazemos como aquele rapaz, ainda estudante universitário, que ia com dois ou três colegas, às cinco da manhã, levar leite e pão aos mendigos que dormiam numa praça próxima da sua casa? Ao invés de nos queixarmos da má qualidade da educação pública e do «espírito de extorsão» que anima a particular, por que não reunimos um nutrido grupo de pais, tão descontentes como nós, que estejam dispostos a cotizar-se e lançar uma escola onde se garanta uma boa formação aos seus filhos?

São inúmeras as iniciativas que se podem ter neste campo. Como aquele médico que abriu na casa que tinha pertencido aos seus pais um asilo que abriga umas doze velhinhas. São poucas? Talvez; mas são doze anciãs que têm teto, alimento e assistência. Ou aquele outro, empresário de uma fundição, que contratava de preferência ex-penitenciários, a fim de ajudá-los a reintegrar-se na vida. Ou outros ainda, advogados, dentistas, que atendem gratuitamente pessoas sem recursos depois da jornada normal de consultas. E quantos não há, homens de empresa, profissionais liberais, que promovem cursos de ética profissional para ajudar a remediar, ensinando, as deficiências que observam na sua «classe»!

E, se pessoalmente não dispomos de capital ou de tempo para lançar e administrar semelhantes empreendimentos, por que não colaborar com as migalhas de que dispomos naquelas iniciativas que já existem? Quantas instituições — asilos, associações beneficentes, hospitais, escolas profissionalizantes, etc. —, já fundados há tempos, não enlanguescem por falta de dinheiro ou de braços, nem que seja em fim de semana?

Esse espírito vivido individualmente completa e solidifica os serviços sociais do Estado. Quando não existe, todo o trabalho feito em nível governamental acaba por ser frio, impessoal, duro, imperfeito e insuficiente, como tantas vezes o percebe o carente internado num hospital público e que se converte num simples número do prontuário hospitalar... Hoje estamos rodeados de uma rede de sistemas previdenciários, de serviços estatais, mas ao mesmo tempo, agora mais do que nunca, multiplica-se o número de gente mal servida: muitos serviços e poucos servidores, pouco espírito de serviço.

Alguns pensam que a *solidariedade* é algo facultativo, que se situa no plano do voluntariado, quando na realidade é uma *obrigação* no sentido próprio da palavra, não exigida pela lei, mas pela consciência pessoal.

Não se trata de entregar-se a planos fantasmagóricos, em sacrifício das muitas horas exigidas pelo perfeito exercício da profissão e pela atenção à família — sem dúvida os primeiros campos em que se deve manifestar a grandeza de coração —, mas de cultivar, na expressão reiterativa de João Paulo II na *Solicitudo rei socialis*, uma verdadeira *educação para a solidariedade.*

Cada um de nós tem o dever de adquirir e de incutir nos outros — filhos, discípulos, colegas, subordinados, etc. — um *hábito de solidariedade,* exercitado em mil pequenas ajudas prestadas na vida ordinária: saber cuidar das crianças de um parente, amigo ou vizinho que nos pede essa ajuda em algumas circunstâncias; emprestar de boa vontade a quem deles precise alguns utensílios para o serviço da casa ou mesmo oferecer-lhe ajuda financeira em momentos de apuro; assistir um doente ou visitar uma pessoa das nossas relações que precise de umas palavras de ânimo; respeitar a privacidade dos moradores do apartamento vizinho, evitando, por exemplo, perturbar-lhes o descanso com festas ruidosas; não se limitar às obrigações salariais com a empregada doméstica, mas tratá-la como parte integrante da família; respeitar a limpeza das ruas, dos serviços de transporte, e as leis do trânsito; substituir um colega de trabalho em alguma eventualidade extraordinária. E tantas e tantas coisas mais.

Todos esses pequenos serviços de *solidariedade*, que cada qual saberá descobrir e que, postos em prática, farão descobrir outras novas ocasiões, são uma manifestação prática e efetiva dessa *fome e sede de justiça* que constitui uma exigência evangélica e um sinal claro da grandeza de coração.

A grandeza de coração e o amor de Deus

Onde buscar e encontrar esse amor grande que devemos aos outros? Na fonte de todos os amores, que é o próprio Deus.

Deus é a grandeza infinita. Deus é amor. E quando a grandiosidade infinita de Deus está aliada — tão íntima e essencialmente — ao amor infinito de Deus, acontecem também coisas indizivelmente grandiosas: a *Criação*, um esbanjamento aparentemente desnecessário de seres e vidas, um fantástico arco-íris de cores e luzes, milhões de galáxias deslocando-se através de espaços incomensuráveis que causam vertigem, bilhões de espécies vivas, um luxo de originalidade na sua incrível diversidade... E muito acima, o esplêndido *ser humano*, com uma inteligência, com uma criatividade, com uma beleza que não encontra semelhança no orbe da terra... E a *Redenção*, a abnegação ilimitada de um Salvador — o próprio Deus encarnado — que morre na Cruz derramando o seu sangue todo, quando apenas uma gota teria sido suficiente. E a *Eucaristia*, essa silenciosa e eficacíssima Presença que é como uma verdadeira loucura de amor...

O homem que sabe abrir os olhos a essas realidades imensas e pauta a sua atitude em conformidade com a velha sentença — «amor com amor se paga» — entende maravilhosamente bem o mandamento fundamental do Senhor: *Amarás o Senhor teu Deus com todo o teu coração, com toda a tua alma, com todas as tuas forças* (Lc 10, 27).

Estas palavras situam exatamente o homem diante de Deus. Posicionam-no. Marcam a sua única e possível atitude: diante de um amor *total* tem que haver uma correspondência *total*.

O Senhor não pede que tenhamos por Ele apenas um amor grande. Isso é muito, mas ainda é insuficiente. O Senhor não pede um *mais* em sentido quantitativo. O amor que lhe devemos dedicar tem que ter necessariamente uma conotação qualitativa: a *totalidade*. Se não a tem, não é amor verdadeiro. Poderá ser outra coisa — «gosto», afeição, amizade —, mas não amor.

Isto, qualquer homem o entende. Quem aceitaria uma declaração de amor como esta: «Amo-te com três quartos do meu coração»? E não adiantaria aumentarmos quantitativamente o índice para nove décimos. O amor exige sempre — repetimos— a *totalidade*.

Nikos Kazantzakis, num dos seus romances, fala de um personagem que pergunta a Deus qual é o seu verdadeiro nome. E ouve uma voz que lhe diz: «Meu nome é *Não-é-bastante*, porque é o que Eu grito no silêncio a todos os que se atrevem a amar-me»[27].

Lembro-me de que, em conversa com um jovem universitário, lhe expus essa ideia, e ele, depois de um breve silêncio, me disse que lhe parecia demais, que ele não desejava chegar a essas alturas, que

---

(27) Cit. por J. Eugui, *Nuevas anécdotas y virtudes*, Rialp, Madri, 1995, p. 13.

a única coisa que procurava era cumprir os mandamentos, «para salvar-se».

Perguntei-lhe se se lembrava dos dez mandamentos. Disse-me que sim e começou a enumerá-los. Primeiro, amar a Deus sobre todas as coisas... Mas parou aí. Talvez nunca tivesse reparado antes nesse *sobre todas as coisas*. Ficou vermelho. E disse:

— Realmente, ou amo a Deus sobre todas as coisas ou... não o amo.

E, sorrindo, acrescentou:

— Não tenho escapatória.

Esse amor a Deus sobre todas as coisas não é uma qualidade acidental ou reservada a uma elite de cristãos. Não. É uma qualidade que todos estamos chamados a atingir por força e graça do nosso batismo.

Certa vez, falando desse amor a Deus, alguém perguntou a São Josemaria Escrivá:

— Como podemos viver como enamorados?

A resposta jorrou com a vivacidade espontânea de algo profundamente experimentado:

— Não sei como podemos viver sem estar enamorados[28].

Entre as criaturas humanas, quando falta um amor ardente, a vida enlanguesce ou passa por altos e baixos. Não é outra a razão dessa sucessão de euforias e depressões que parecem a sístole e a diástole de um coração enfermo. Se o homem não se esforça por engrandecer o seu amor a Deus, não somente perde o sentido último da sua existência, como os demais amores nobres adoecem de fragilidade e intermitência ou se fecham sobre si mesmos.

Certa vez, um jornalista — admirado e ao mesmo tempo chocado —

---

(28) Cf. Josemaria Escrivá, *Sulco*, n. 795.

observava como a Madre Teresa de Calcutá tratava com dedicação e carinho as hediondas feridas de um leproso. E como que num desabafo, exclamou:

— Eu não faria isso por todo o dinheiro do mundo.

E a Madre Teresa respondeu:

— Eu também não.

O amor de Deus, sólido e operativo, torna doce o que era amargo, atrativo o que era repugnante. Ergue o ânimo até alturas insuspeitadas: *Levantei-me como um gigante para percorrer o caminho da vida*, diz o Salmo (cf. 18, 6). Os homens enamorados de Deus avançam a passos de gigante, ultrapassam os condicionalismos do temperamento, os limites das forças físicas, o apego ao transitório, a dependência do poder e da opinião alheia; não são apêndices do contexto social: transformam-no. Num mundo ressequido de valores, o brilho e o calor do espírito que os anima ilumina e faz arder tudo à sua volta como a faísca que cai na morna fofura de um palheiro.

Mas — poderíamos perguntar-nos — onde conseguir esse amor vibrante? Como arder e queimar?

Ganhando intimidade com Deus. Como o ferro, frio e opaco, que, ao introduzir-se no fogo, se converte numa brasa ao rubro, assim transformaremos a pobreza apagada do nosso ser na realidade luminosa e ardente do Coração de Cristo.

A intimidade entre duas pessoas cresce quando aumenta o relacionamento, quando se tornam mais assíduos os encontros, quando melhora o conhecimento mútuo e se faz mais confiado o diálogo. Do mesmo modo, a intimidade com Deus — que nos procura e nos ama infinitamente mais do que nós a Ele —

vai-se fortalecendo e agigantando à medida que intensificamos o trato com Ele, sendo fiéis a esse diálogo de amor que se chama *oração*, e absorvendo com mais frequência a seiva divina da graça pela recepção dos *sacramentos*.

Não é que se deva sentir *inclinação* para esse relacionamento com Deus. Antes de chegar à amizade com uma pessoa, ninguém sente vontade de dedicar-lhe tempo. O primeiro contato dá-se por esta ou aquela razão, mas, depois que conversam e voltam a conversar, passam a encontrar temas de interesse mútuo, afinidades e complementaridades em muitos pontos, e aos poucos aumenta o desejo de se verem mais, e assim nasce a amizade. O mesmo se passa no nosso relacionamento com Deus. Temos de quebrar o círculo vicioso: porque não sentimos «gosto pelas coisas de Deus», não o procuramos, e, porque não o procuramos, jamais sentimos gosto pela sua intimidade. Comecemos por introduzir no nosso dia momentos de trato com Deus, sem nos sentirmos particularmente inclinados a isso, e, pouco a pouco, a atração aumentará. Quanto mais procurarmos o Senhor, mais o amaremos, e, quanto mais o amarmos, mais procuraremos a sua presença, o convívio e a união com Ele.

Mas — podemos insistir — esse começo de relacionamento sem que haja nenhum gosto nisso não estará chamado ao fracasso?

Lembremo-nos de dois dados basilares da fé: primeiro, que Deus é nosso Pai e quis encarnar-se na pessoa de Cristo para ser *o primogênito entre uma multidão de irmãos* (Rm 8, 29) e dar a vida por cada um deles. Num brado de reconhecimento, São Paulo diz: Cristo *amou-me e entregou-se por mim!*

(Gl 2, 20). Pode estar condenado ao fracasso o relacionamento com Alguém que sabemos de antemão que nos ama, que *nos amou primeiro* (cf. 1 Jo 4, 19), como Pai, como irmão mais velho?

Em segundo lugar, como pode decepcionar-nos o trato com um Deus que é por essência infinitamente amável, infinitamente compreensivo, infinitamente alegre, infinitamente bom? As relações humanas trazem muitas vezes a amargura da desilusão. Soa como uma chicotada a corrosiva asserção daquele infeliz que dizia: «Quanto mais convivo com os homens, mais prefiro a companhia do meu cachorro». Deus, a suma perfeição e generosidade, jamais decepciona os que procuram a sua amizade.

Comecemos por pouco: pela leitura de um trecho do Evangelho, por uns breves momentos de meditação, por uma rápida visita a Jesus Sacramentado na igreja mais próxima do nosso escritório ou de casa, por uma prece instantânea no meio do trabalho... E, aos poucos, como por um plano inclinado, essas práticas diárias irão «pondo amor onde não havia amor»[29], até transformá-lo numa paixão avassaladora.

O amor é como o fogo: ou se alimenta ou se apaga, ou cresce ou se aniquila, ou progride ou se autodegrada, ou se enriquece ou se autodevora. Para o amor, nunca há um basta, mas sempre um *mais*, e *mais*, e *mais*. Não se pode ter um amor sempre «igual», porque assim se termina amando sempre menos: «quem não avança, retrocede»[30]. Esta é a inteira verdade a respeito do amor por Deus. Pode e deve crescer sempre mais.

---

(29) Cf. São João da Cruz, *Chama viva de amor*, em *Obras completas*, Vozes, Petrópolis, 1984.

(30) São Gregório Magno, *Regra pastoral* em *Obras completas*, BAC, Madri, 1958, 3, 34.

Além disso, existe no coração humano uma *lei de dilatação progressiva*, que atua ao ritmo da correspondência às solicitações desse amor divino. São apelos diários, contínuos. O Senhor chama-nos através de pequenas e grandes coisas: um dia, é uma luz que nos leva a descobrir um defeito para corrigi-lo; outro, uma moção interior que nos pede um maior tempo de oração; agora, uma sugestão para que melhoremos a nossa formação espiritual assistindo a uma palestra de doutrina cristã ou fazendo uns dias de retiro espiritual; mais adiante, um sentimento fundo de contrição que nos move a procurar o perdão de Deus e a paz por meio da Confissão sacramental... É uma sequência de graças, que são como indicadores luminosos de novos patamares a que o amor de Deus nos convida.

O homem, como diz também São Paulo, progride *de claridade em claridade* (cf. 2 Cor 3, 18): uma graça chama outra. A correspondência a uma parece animar o Senhor a dar-nos outra, e outra, numa linha ascendente que alarga cada vez mais o coração humano, até poder dizer: *Dilataste, Senhor, o meu coração tanto e mais que as areias todas do mar* (1 Re 5, 9).

Se quisermos reduzir aos seus elementos essenciais a vida de amor a que todo o cristão está chamado na sua existência diária, chegaremos à conclusão de que tudo se resume num *Sim* e num *Não*. O «Sim» reiterado enriquece-nos progressivamente; o «Não» reincidente atrofia-nos num processo de anemia galopante.

De uma forma lancinante — por traduzir os embates de um processo de fraquezas e reerguimentos —, Lope de Vega, o poeta chamado «a ave fênix dos engenhos», expressa assim esses chamamentos de Deus e as recusas do homem:

Qué tengo yo, que mi amistad procuras?
Qué interés se te sigue, Jesús mío?
Que a mi puerta cubierto de rocío
Pasas las noches del invierno oscuras?
Cuantas veces el Ángel me decía:
Alma, asómate a la ventana;
Verás con cuanto amor clamar porfía!
Y cuantas veces, hermosura soberana,
Mañana!, respondía,
Para lo mismo responder mañana[31]

O grande poeta do século XVI — depois de lamentáveis quedas e vigorosos recomeços — morreu beijando o crucifixo e confessando que «não trocaria

---

(31) «Que tenho eu para que procures a minha amizade?/ Que interesse tens por mim, meu Jesus,/ que à minha porta, coberto de orvalho,/ passas as noites escuras do inverno?/ Quantas vezes o Anjo me dizia:/ "Alma, aproxima-te da janela,/ e verás com quanto amor Ele insiste em chamar-te!"/ E quantas vezes, Soberana Formosura,/ [eu Te] respondia: "Amanhã!",/ para o mesmo responder amanhã».

todos os aplausos que recebera em vida pelo menor ato de virtude a mais que pudesse ter realizado»[32].

Dizer que «Sim!» ao amor de Deus, não «amanhã», *agora*!, e fazer da vida inteira uma sucessão de *agoras* aos convites do amor divino, é o modo direto — na realidade, o único sem limites nem retrocessos — de tornar grande o coração e abri-lo ao serviço de todos os homens: quanto mais perto de Deus está o homem, «mais universal se sente; dilata-se o seu coração para que caibam todos e tudo no desejo de pôr o universo aos pés de Jesus»[33].

Espírito de conquista

Esse cristão que, através dos acontecimentos do seu dia a dia, procura

---

(32) Cit. por J. Eugui, *Nuevas anécdotas...*, p. 130.

(33) Cf. Josemaria Escrivá, *Caminho*, n. 764.

corresponder ao amor de Deus com todas as suas energias, tende a expandir e irradiar esse ideal de vida: tem *espírito de conquista*.

Cristo tinha uma personalidade conquistadora, e a sua doutrina um caráter expansivo. Um dia, como quem não pode mais conter-se, disse: *Vim trazer fogo à terra, e que outra coisa quero senão que arda?* (Lc 12, 49). Assim tem de ser o nosso coração: ardente, nobremente ambicioso, desejoso de conquistar para Cristo o mundo inteiro.

Eu vos farei pescadores de almas (Mc 1, 17). Os homens que não conhecem Cristo estão perdidos num mar de amarguras, nadando sem sentido em águas turbulentas: temos que resgatá-los, trazê-los à barca de Pedro, à Igreja, para acolhê-los amorosamente e dar um sentido humano e divino às suas vidas. É para nós o mandato divino: *Ide e evangelizai as gentes de todas as raças e de todas as línguas* (Mt 28, 19).

Às vezes — dizíamos atrás —, identifica-se a humildade cristã com o acanhamento. Na sua humildade, o Senhor falava de conquistar o mundo inteiro para Deus, dono do universo.

Os homens sem ambições nobres serão sempre homens de voos rasteiros, de motivações mortiças, diríamos de «coração molambo». Esses «humildes» e esses «bonzinhos» costumam ficar confinados na sacristia como coelhos na toca, assustados, entretendo-se mutuamente em queixar-se da «perdição dos costumes», da «corrupção na política», da «descristianização da sociedade», da «imoralidade na televisão», do «espetáculo despudorado das praias». Não reparam que todos e cada um — e portanto eles próprios — têm de ser protagonistas da história — desta que vivemos, que nos alegra e que nos faz sofrer —, e não apenas espectadores passivos e «escandalizados». Humildes? Humilhados!

A humilde Teresa do Menino Jesus, que tanto aprofundou na *infância espiritual* e no valor das pequenas coisas, não se contentava com ser uma carmelita enclausurada; queria ser apóstolo, missionária... E como não podia estar — dizia ela — em todas as partes do «corpo» da Igreja, resolveu um dia fincar-se pelo resto da vida no Coração de Cristo e, através dele, chegar capilarmente à última das suas células. E foi assim que, sem nunca ter saído do seu claustro de Lisieux, a Igreja a nomeou padroeira universal das missões. Isto é ser humilde e ao mesmo tempo ter um *coração grande*!

Lembro-me de que, numa conferência pronunciada no Rio de Janeiro sobre «A família e a crise de valores», um dos participantes me perguntou:

— Que faz a Igreja diante dessa televisão emporcalhada que temos de sofrer?

Em tom reflexivo, saiu-me muito de dentro outra pergunta:

— E quem é a Igreja?

Fez-se um momento de silêncio e depois ouviu-se uma salva de palmas. Todos tinham compreendido o significado da pergunta, e alguém quis manifestá-lo alto e bom som:

— A Igreja somos nós, cada um de nós!

Restou-me tirar a conclusão:

— Não seria melhor que nos perguntássemos: que faço eu para mudar essa televisão que temos que suportar diariamente?

Evidentemente, os «humildes», os que se refugiam numa piedade que não os ultrapassa, nunca farão nada para que a televisão, os jornais, a escola, a universidade, a política, a cultura estejam impregnados dos princípios que inspiram a dignidade humana, e ficarão saciados depois de se entregarem a uma enxurrada de agressões verbais, reveladoras de uma miopia torpe de bumerangue, de autodestruição.

Para essa tarefa, são necessários homens de caráter, de fibra, de coragem, empreendedores, nobremente ambiciosos. Homens que tragam gravadas no peito as palavras do Senhor: *Duc in altum!* (Lc 5, 4).

Vale a pena meditar de novo numas palavras escritas há várias décadas e que hoje, como então, nos podem sacudir da modorra e da prudência humana:

«No mar, ouve-se a voz enérgica de Cristo: — "Mar adentro!"

«O imperativo de Cristo continua a pedir-nos pressa:

«— "Eu te quero mais perto de Mim.

«"Preciso de homens loucos e enérgicos, senhores do seu corpo, que pensem, amem e vivam comigo.

«"Preciso de um punhado de pescadores que permaneçam lúcidos no meio da grande confusão que invade o mundo.

«"Preciso de homens entusiastas que sejam tenazes, enquanto as nações se desmoronam [...].

«"Preciso que dirijas a tua barca para longe da praia!" [...].

«Nunca fiques na praia: ou em terra firme ou no mar alto. Decide-te. Põe os olhos em Cristo e não vaciles. Na praia, com a água até o tornozelo, só ficam os calculistas, os que se limitam a sorrir para a esquerda e para a direita, os que se conformam com tudo, os que encolhem os ombros e voltam as costas quando [...] a Igreja os chama.

«Não te esqueças de que os da praia não só serão alvo das troças dos homens da terra firme, como também o próprio mar os salpicará com o seu desprezo»[34].

«Há circunstâncias na vida — diz ainda o autor — que exigem do homem uma atitude claramente definida; não se permitem as hesitações; ou se é ou não se é; sem meios termos. E o católico, o cristão de hoje, tem de tomar uma posição clara e consciente na luta que se avizinha, que promete ser gigantesca, porque, ou empreendemos a aventura de fazer algo de sério nesta vida de acordo com o nosso ideal, o que reclama o exercício e a tensão de todas as

---

(34) Jesús Urteaga, *O valor divino do humano*, 2ª ed., Quadrante, São Paulo, 2016, pp. 133-134.

faculdades humanas que possuímos, ou teremos de deixar de chamar-nos cristãos. Nas lutas do espírito, não se admitem os bandos neutros nem os não-beligerantes, nem há possibilidade de fugir. Todos se alinharão numa posição ou noutra. Na "terra de ninguém" só ficam os cadáveres»[35].

O coração dos *pescadores* está no mar, não na praia. Na praia ficam os *peixeiros*.

Os peixeiros são os «fregueses de sacristia», os «cristãos de missas festivas», os «católicos de salão paroquial», os que se reúnem para conversar, comentar, discutir... Os pescadores pegam a barca e a impulsionam para o alto-mar ao ritmo das suas remadas e lançam a rede... como Pedro... *in verbo tuo* (Lc 5, 3), em nome de Jesus. E pescam uma grande quantidade de peixes.

---

(35) *Ibid.*, p. 116.

Os *peixeiros* ficam tranquilamente na praia, comodamente sonhando, esperando, esperando...; não pescam, revendem o peixe recolhido pelos pescadores; lucram com o esforço e o sacrifício dos seus irmãos.

Os *pescadores* cheiram a mar aberto, a brisa límpida. Os *peixeiros* cheiram a «peixe podre». Os *pescadores* têm um coração grande: se o abríssemos, encontraríamos nele sangue e fogo. Nos *peixeiros*, encontraríamos saliva..., «conversa fiada». Quanto a mim, quero ser *pescador* ou *peixeiro*?

São Francisco Xavier era um *pescador*. Contam os seus biógrafos que costumava contemplar o mar alto: queria conquistar para o seu Senhor novas terras. No litoral da Índia, tentava com frequência divisar ao longe as Ilhas Molucas: desejava ardentemente evangelizá-las. Mas não conseguia um barco, pois aqueles comerciantes europeus só pensavam em dinheiro. Depois de várias tentativas frustradas, reuniu um grupo de ricos negociantes e disse-lhes muito seriamente:

— Se nas Ilhas Molucas houvesse ouro ou prata, rapidamente conseguiríeis um barco, mas, como só há almas para salvar, não fazeis o menor esforço. Pois ou me dais um navio ou vou a nado!

Familiarizados com a sua indômita determinação, em pouco tempo forneceram-lhe o navio. E converteu milhares e milhares de nativos.

Passados vários anos, depois de evangelizar o Japão, a caminho da China, teve de parar, devorado pela febre, numa ilha da qual já se divisava a terra firme. Olhando demoradamente para a costa longínqua, sonhava em conquistar para Cristo mais esse outro continente. E foi assim que morreu, deixando vagar os olhos por aqueles largos horizontes que ainda pareciam pequenos ao seu grande coração de conquistador.

Nós também deveríamos sentir queimar-nos o coração, experimentar ao vivo essa insone impaciência, essa «fome de almas». Há muitos anos, quando o li pela primeira vez, causou-me forte impressão este ponto de Caminho:

«Lembras-te? — Fazíamos tu e eu a nossa oração, quando caía a tarde. Perto, ouvia-se o rumor da água. E, na quietude da cidade castelhana, ouvíamos também vozes diferentes que falavam em cem línguas, gritando-nos angustiosamente que ainda não conhecem Cristo. — Beijaste o Crucifixo, sem te recatares, e Lhe pediste que te fizesse apóstolo de apóstolos»[36].

Agora, volto a meditá-lo com frequência, para não me esquecer dos grandes horizontes que outrora me

---

(36) Josemaria Escrivá, *Caminho*, n. 811.

sugeriu. E penso como seria bom que todos nós — jovens, maduros e aposentados — também estremecêssemos diante desse horizonte vasto que Cristo nos abriu do alto da Cruz.

Não se trata de sonhar quixotescamente em converter o mundo inteiro, em mudar o ambiente da sociedade de cima a baixo — coisa fora do alcance de cada um e, nessa medida, uma boa desculpa para a apatia —, mas de pacientemente, como um carvão ao rubro, queimar com o fogo de Cristo as pessoas com quem convivemos, uma a uma. Isto, sim, é algo inescusável para qualquer coração grande, consciente de que não pode responder a Deus como Caim, depois de ter matado Abel: *Por acaso sou eu responsável pelo meu irmão?* (Gn 4, 9).

Vale a pena pensar que, no momento do nosso julgamento definitivo, desfilarão diante de nós os rostos dos nossos parentes, amigos, vizinhos e colegas de escola ou de trabalho, e que cada rosto significará uma pergunta: «Que fez você por mim?» E que alegria será podermos ler nesses mesmos rostos a radiante resposta: «Tudo, porque você me mostrou o caminho para Deus!»

É bom que nos interroguemos sobre esta missão que Deus confia aos corações grandes:

* Aí, no ambiente em que me desenvolvo, não haverá um ou dois que me entendam bem?[37]

* Para isso, vejo almas onde os outros veem coexistência, interesses, degraus?

* Numa época em que ninguém tem o menor constrangimento de falar de sem-vergonhices, envergonho-me de falar de Deus?

---

(37) Cf. *idem*, n. 805.

* «Falta-me tempo» para dedicar-me aos outros, quando desperdiço esse mesmo tempo — às vezes horas inteiras do meu dia — em futilidades, caprichos e ninharias?

AS DECISÕES DOS CORAÇÕES GRANDES

Dois personagens

A vida é uma opção, mas fundamentalmente uma opção de amor. Quando Deus chama, chama por amor e para o amor. E o amor constitui sempre uma opção, uma ruptura para um seguimento. É essa opção positiva que torna o homem magnânimo.

Há tempos, pensei em escrever a vida de um homem que viveu numa época concreta, no início da nossa era, mas que na verdade vive em todas as épocas e ainda hoje pervive entre nós.

Dei-lhe o nome de Eleazar, porque o seu nome verdadeiro nos é desconhecido. Na realidade, é um nome indeterminado, porque fala de uma atitude, de uma maneira de proceder que está sempre presente em cada um de nós.

Eleazar era jovem, rico e bom, filho de um conhecido fariseu que tinha grandes riquezas: uma casa rodeada de um jardim, em Jerusalém, e um sítio na franja do Monte das Oliveiras, fértil em videiras, campos de trigo e grandes pastos.

Vivia feliz com os pais e com duas irmãs, que desafiavam em bondade e beleza outra jovem judia, Ester, filha também de fariseus, que Eleazar amava com coração limpo.

Era temente a Deus e respeitava a ancianidade do pai: inclinava-se diante da sua voz e da sua sabedoria, e dava à sua mão cansada o apoio do seu ombro, enquanto percorriam as plantações e vigiavam a sementeira e a poda das videiras.

Um dia em que passeava pelos trigais, ouviu o rumor de uma multidão que voltava de Betânia.

— Que está acontecendo?

O capataz informou-o:

— É Jesus, o profeta.

Passando rapidamente pelo meio da multidão, Eleazar chegou até onde estava Jesus.

Como falava aquele homem! As suas palavras pareciam de fogo, queimavam! Como acolhia a todos, com o mesmo olhar! Como sorria! Como levantava a voz para dizer: *Quem tiver sede, venha a mim e beba!*...

E algo que ele trazia dentro de si, sem o saber, foi crescendo e agigantando-se... Era uma inquietação íntima, como que o anseio por um amor extraordinário, que tantas vezes experimentara vagamente quando, ao entardecer, estendia o seu olhar sobre os trigais dourados...

Como tinha podido viver tanto tempo sem conhecer Jesus?... Desde então, passou a ser mais um dos ouvintes daquele homem de Deus. Até que, um dia, destacou-se da multidão e, chegando à presença do Senhor, suplicou-lhe:

— Bom Mestre, que devo fazer para alcançar a vida eterna?

Jesus disse-lhe:

— Guarda os mandamentos...

Então o rapaz lembrou-se do carinho com que correspondia à afeição de seus pais, do pão abundante que repartia entre os empregados e trabalhadores, do seu amor limpo por Ester...

E, sorrindo, respondeu:

— Mestre, todos esses mandamentos, eu os tenho observado desde a minha mocidade. Que me resta ainda?

Jesus, pondo nele os olhos, mostrou-lhe afeto. Depois, devagar, foi-lhe deixando cair nos ouvidos estas palavras: *Uma só coisa te falta: vai, vende tudo o que tens e dá-o aos pobres, e terás um tesouro no céu. Depois, vem e segue-me* (Lc 18, 22).

Vem! Essa palavra chocou-se no seu coração contra o que lá estava mais intimamente gravado: o amor dos seus pais, das suas irmãs..., e o amor de Ester!

Vem! E as videiras? E os meus futuros filhos, alegrando-se em ver crescer os trigais dourados?...

Levantou os olhos. Jesus continuava a fitá-lo com amor. E aquele olhar continuava a dizer-lhe: *Vem!*

Uma sombra de tristeza invadiu-lhe o rosto, como uma nuvem ameaçadora, e um *Não* começou a desenhar-se nas suas entranhas: «Este homem é cruel, pede-me tudo!»

Levantou-se rapidamente, atravessou a multidão e perdeu-se na última volta do caminho. *E retirou-se triste*, diz o Evangelho.

Tristes eram agora os campos e os vinhedos. O sol no seu poente já não cantava a música do infinito, já não falava da beleza de Ester... Os trigais floresciam, as arcas enchiam-se de dinheiro, os criados acudiam solícitos e serviçais, as moças da aldeia corriam atrás de quem era jovem e rico... Mas ele *estava triste*. Tinha perdido o amor; tinha-se encerrado em si mesmo, fechado o coração e estreitado os seus horizontes...

— Filho — dizia-lhe o pai —, não penses mais nas palavras desse profeta louco. Não manda a lei que honres os teus pais? Não ordenou Javé: *Honra teu pai e tua mãe* e *Crescei e multiplicai-vos*? Que seria do mundo sem filhos, sem vinhedos? Que seria de mim sem o teu apoio? Não ficaria Ester louca de dor, se a abandonasses?

— Cala-te, pai! É melhor que não me argumentes contra as palavras desse profeta, porque Javé também disse: *Amarás o Senhor teu Deus com todo o teu coração, com toda a tua alma, com todas as tuas forças...*

Eleazar é — repetimos — o nome de uma atitude: a atitude dos homens que fecharam o seu coração aos grandes amores. É uma história melancólica. Eu, por mim, prefiro recordar uma outra, a história de João, um pescador da Galileia, também jovem e vigoroso como Eleazar.

Tudo começou numa jornada qualquer da sua primeira juventude. O sol já tinha perdido o brilho do meio-dia. Eram cerca das quatro da tarde. As águas do Jordão murmuravam entre os seixos. Jesus passou ao lado desse jovem e fitou-o nos olhos. João jamais esqueceria esse olhar... E, não podendo abafar algo que lhe saía do íntimo, perguntou-lhe: — «Senhor, onde moras?...» — «Vem e verás!», respondeu-lhe o Mestre. *Vem!* Essa palavra abriu passagem entre todas as outras até chegar ao seu coração. *Vem!*

E, deixando as suas barcas e redes, a casa branca de seus pais à beira do lago, os seus projetos de moço e sonhador..., seguiu-o para sempre. Onde estava Jesus, ali estava João: gravava no íntimo as palavras que lhe ouvia, extasiava-se diante dos seus milagres, comovia-se com os seus sentimentos de compreensão, de misericórdia.

Tornou-se o amigo íntimo de Jesus. E um dia — o dia da despedida — reclinou a cabeça no peito do Senhor, bebeu-lhe os gestos e as entranháveis palavras que pronunciou na derradeira Ceia.

E poucas horas depois, diante da vergonha e do espanto da Cruz, não fugiu... E recebeu de Cristo agonizante, em herança, o grande tesouro de Maria, a Mãe do Senhor...

Depois, ao abrir-se para a evangelização do mundo inteiro, para o grande mar da existência humana, compreendeu como tinham sido estreitos os horizontes daquele outro «mar» onde pescara e mesquinhos os projetos do seu coração jovem de outrora... E quando, já muito velho, os seus discípulos — filhos do seu espírito — lhe pediam: «João, conta-nos, por favor, como conheceste o Senhor...», ele, fechando os olhos, começava a dizer amorosamente, num murmúrio de voz: «*Erat quasi hora decima*, eram cerca das quatro da tarde... O dia já declinava quando o Senhor se aproximou de mim; olhou-me demoradamente e, entre os rumores das águas do rio, ouvi dos seus lábios uma palavra que transformou a minha vida: *Vem!*»

Eram cerca das quatro da tarde... (Jo 1, 39): já centenário, João lembrava-se perfeitamente da hora exata em que Jesus o chamara, e assim o registrou no seu Evangelho. O amor jamais esquece o primeiro encontro. E a vocação de João foi uma vocação de Amor. Como se fosse uma derradeira resposta àquele chamado de outrora, morreu dizendo como um homem apaixonado: *Vem, Senhor Jesus...* (Ap 22, 20).

Duas figuras paralelas e antagônicas: o jovem pescador, João, que soube dizer que sim a Jesus e se tornou o seu «discípulo amado», e o jovem rico, que não superou o apego às suas «bugigangas» e desapareceu na sombra da história, sem sequer lhe sabermos o nome.

O grande através do pequeno

Deus chama a segui-lo em todas as idades: na juventude, na meia-idade, na velhice. Ele bate à porta de cada cristão, e não o faz nem demasiado cedo nem demasiado tarde. A uns — a muitos mais do que parece — pede, como ao Apóstolo João e ao jovem rico, que o sigam sem nenhum liame de bens, mulher, filhos, projetos pessoais. Mas a todos — sejam solteiros e decididos a permanecer sempre assim *por amor ao Reino dos céus* (Mt 19, 12), sejam casados; tenham esta ou aquela posição profissional, econômica, cultural e social; gozem ou não de boa saúde —, a todos pede uma opção radical por Ele, um compromisso de amor que os leve a «tomar Deus a sério»[1]. E dá-se um encontro feliz, como

---

(1) Josemaria Escrivá, *Sulco*, n. 650.

o de João com Jesus de Nazaré à beira do rio Jordão...

Como se produz? De mil formas diversas. Pode ser em resultado de uma reflexão profunda após um percalço na vida profissional, uma crise familiar, um ataque à honra, a perda ou o extravio moral de uma pessoa querida. Ou, menos de repente, após uma vida de êxitos que aos poucos nos vão mostrando a sua face vazia: «Afinal, não era isto!» Ou ainda após uma queda mais funda no pecado ou mesmo no meio de uma vida de pecado, que subitamente nos enoja: «Basta, Senhor, basta!» Mas pode não ser por nada disso, por nada de instantâneo ou «dramático», mas por uma decisão que amadurece como fruto de uma vivência cristã intensa, em que finalmente compreendemos que esse Deus que nos deu tudo, em troca, nos pede tudo. E empreendemos a maravilhosa rota do seguimento de Cristo, a partir de um dia qualquer, por volta das quatro da tarde ou de outra hora tão inesquecível como a de João.

E que vem a seguir a essa resolução? Não será excessivo o que o Senhor me possa pedir mais tarde? Terei forças? Coração grande, sim, mas não me levará a um idealismo insensato, a um «quixotismo» aventureiro, mais próprio de temperamentos emotivos?

A verdadeira magnanimidade não se situa no plano dos *delírios de grandeza*, mas no da fidelidade e coerência à sucessão de entregas em que se desdobra a resolução inicial de entregar-se ao apelo de Deus.

O «sim» a esse apelo é como uma semente minúscula, um pequeno ponto de ignição que, como tudo o que é potencialmente grande, se confirma e se avoluma através das realidades da existência quotidiana. Podem ser — e em geral serão — realidades insignificantes, mas é através delas que se constrói o projeto grande que Deus um dia nos pediu. Existem as insignificâncias das almas mesquinhas, e existem as pequenas coisas das almas grandes. As primeiras reduzem o que é grande a vulgaridades banais; as segundas sabem «tornar grandes pelo amor às pequenas coisas de cada dia»[2].

A magnanimidade é precisamente uma virtude que nos faz «costurar» — apoiados na graça — um ideal grande através dos pequenos gestos, da coerência diária, do começar e recomeçar. A glória do cume é o resultado da somatória de milhares de pequenos passos, de sacrifícios geralmente ao alcance da mão, sempre na mesma linha de fidelidade à rota de ascensão. Cada dia,

---

(2) Cf. Josemaria Escrivá, *Caminho*, nn. 418 e 429.

um feixe de pequenas opções por uma fidelidade sempre grande. Em cada momento, uma pequena decisão que fortalece a seguinte e imperceptivelmente nos vai aproximando da meta.

As ocasiões são tão numerosas como os minutos da vida, e tão variadas como as circunstâncias de cada pessoa. Mas todas elas exigem uma única atitude, que poderíamos resumir em duas breves perguntas, que são uma só.

A primeira:

«Pergunta-te a ti mesmo, muitas vezes ao dia: — Estou fazendo neste momento o que devo fazer?»[3]

A segunda:

«É uma questão de segundos... Pensa antes de começar qualquer trabalho: — Que quer Deus de mim neste assunto?»[4]

---

(3) *Idem*, n. 772.
(4) Cf. *idem*, n. 778.

É nessas determinações aparentemente triviais de cada jornada que conseguimos o grande resultado total. A magnanimidade está necessariamente ligada à *longanimidade*, que é a capacidade de perseverar na ascensão, sabendo suportar por um *longo tempo* as incidências onerosas da caminhada, os contratempos, as variações de ânimo, as desilusões, os fracassos, nunca irremediáveis para uma alma grande. «O cume? Para uma alma que se entrega, tudo se converte em cume por alcançar: cada dia descobre novas metas, porque nem sabe nem quer pôr limites ao Amor de Deus»[5].

E nesse avançar sempre, encosta acima, mar adentro, encontraremos sem falta a «Estrela da manhã», Maria guia dos navegantes, paradigma dos corações grandes — *fez-me grande Aquele*

---

(5) Josemaria Escrivá, *Sulco*, n. 17.

que é Todo-poderoso — e sempre, ao nosso lado, protetora e Mãe do mais belo e profundo Amor.

Lemos na Escritura que Deus nos pede o coração: *Oferece-me, filho, o teu coração* (cf. Pr 23, 26). Para que possamos atendê-lo, teremos de inverter o pedido em cada instante da nossa vida: «Oferecei-me, meu Deus, o vosso Coração».

Direção geral
Renata Ferlin Sugai

Direção editorial
Hugo Langone

Produção editorial
Juliana Amato
Gabriela Haeitmann
Ronaldo Vasconcelos
Daniel Araújo

Capa
Provazi Design

Diagramação
Sérgio Ramalho

ESTE LIVRO ACABOU DE SE IMPRIMIR
A 24 DE JANEIRO DE 2024,
EM PAPEL OFFSET 75 g/m^2.